中国古代经济

王 俊 编著

中国商业出版社

图书在版编目（CIP）数据

中国古代经济／王俊编著．--北京：中国商业出版社，2015.10（2022.4重印）
ISBN 978-7-5044-8559-5

Ⅰ.①中… Ⅱ.①王… Ⅲ.①中国经济史-古代 Ⅳ.①F129.2

中国版本图书馆CIP数据核字（2015）第229239号

责任编辑：张一之

中国商业出版社出版发行
（www.zgsycb.com　100053　北京广安门内报国寺1号）
总编室：010-63180647　编辑室：010-83114579
发行部：010-83120835/8286
新华书店经销
三河市吉祥印务有限公司印刷
*
710毫米×1000毫米　16开　12.5印张　200千字
2015年10月第1版　2022年4月第3次印刷
定价：25.00元
****
（如有印装质量问题可更换）

《中国传统民俗文化》编委会

主　编　傅璇琮　著名学者，国务院古籍整理出版规划小组原秘书长，清华大学古典文献研究中心主任，中华书局原总编辑

顾　问　蔡尚思　历史学家，中国思想史研究专家
　　　　卢燕新　南开大学文学院教授
　　　　于　娇　泰国辅仁大学教育学博士
　　　　张骁飞　郑州师范学院文学院副教授
　　　　鞠　岩　中国海洋大学新闻与传播学院副教授，中国传统文化研究中心副主任
　　　　王永波　四川省社会科学院文学研究所研究员
　　　　叶　舟　清华大学、北京大学特聘教授
　　　　于春芳　北京第二外国语学院副教授
　　　　杨玲玲　西班牙文化大学文化与教育学博士

编　委　陈鑫海　首都师范大学中文系博士
　　　　李　敏　北京语言大学古汉语古代文学博士
　　　　韩　霞　山东教育基金会理事，作家
　　　　陈　娇　山东大学哲学系讲师
　　　　吴军辉　河北大学历史系讲师

策划及副主编　王　俊

序 言

中国是举世闻名的文明古国,在漫长的历史发展过程中,勤劳智慧的中国人创造了丰富多彩、绚丽多姿的文化。这些经过锤炼和沉淀的古代传统文化,凝聚着华夏各族人民的性格、精神和智慧,是中华民族相互认同的标志和纽带,在人类文化的百花园中摇曳生姿,展现着自己独特的风采,对人类文化的多样性发展做出了巨大贡献。中国传统民俗文化内容广博,风格独特,深深地吸引着世界人民的眼光。

正因如此,我们必须按照中央的要求,加强文化建设。2006年5月,时任浙江省委书记的习近平同志就已提出:"文化通过传承为社会进步发挥基础作用,文化会促进或制约经济乃至整个社会的发展。"又说,"文化的力量最终可以转化为物质的力量,文化的软实力最终可以转化为经济的硬实力。"(《浙江文化研究工程成果文库总序》)2013年他去山东考察时,再次强调:中华民族伟大复兴,需要以中华文化发展繁荣为条件。

正因如此,我们应该对中华民族文化进行广阔、全面的检视。我们应该唤醒我们民族的集体记忆,复兴我们民族的伟大精神,发展和繁荣中华民族的优秀文化,为我们民族在强国之路上阔步前行创设先决条件。实现民族文化的复兴,必须传承中华文化的优秀传统。现代的中国人,特别是年轻人,对传统文化十分感兴趣,蕴含感情。但当下也有人对具体典籍、历史事实不甚了解。比如,中国是书法大国,谈起书法,有些人或许只知道些书法大家如王羲之、柳公权等的名字,知道《兰亭集序》

是千古书法珍品，仅此而已。

　　再如，我们都知道中国是闻名于世的瓷器大国，中国的瓷器令西方人叹为观止，中国也因此获得了"瓷器之国"（英语 china 的另一义即为瓷器）的美誉。然而关于瓷器的由来、形制的演变、纹饰的演化、烧制等瓷器文化的内涵，就知之甚少了。中国还是武术大国，然而国人的武术知识，或许更多来源于一部部精彩的武侠影视作品，对于真正的武术文化，我们也难以窥其堂奥。我国还是崇尚玉文化的国度，我们的祖先发现了这种"温润而有光泽的美石"，并赋予了这种冰冷的自然物鲜活的生命力和文化性格，如"君子当温润如玉"，女子应"冰清玉洁""守身如玉"；"玉有五德"，即"仁""义""智""勇""洁"；等等。今天，熟悉这些玉文化内涵的国人也为数不多了。

　　也许正有鉴于此，有忧于此，近年来，已有不少有志之士开始了复兴中国传统文化的努力之路，读经热开始风靡海峡两岸，不少孩童以至成人开始重拾经典，在故纸旧书中品味古人的智慧，发现古文化历久弥新的魅力。电视讲坛里一拨又一拨对古文化的讲述，也吸引着数以万计的人，重新审视古文化的价值。现在放在读者面前的这套"中国传统民俗文化"丛书，也是这一努力的又一体现。我们现在确实应注重研究成果的学术价值和应用价值，充分发挥其认识世界、传承文化、创新理论、资政育人的重要作用。

　　中国的传统文化内容博大，体系庞杂，该如何下手，如何呈现？这套丛书处理得可谓系统性强，别具匠心。编者分别按物质文化、制度文化、精神文化等方面来分门别类地进行组织编写，例如，在物质文化的层面，就有纺织与印染、中国古代酒具、中国古代农具、中国古代青铜器、中国古代钱币、中国古代木雕、中国古代建筑、中国古代砖瓦、中国古代玉器、中国古代陶器、中国古代漆器、中国古代桥梁等；在精神文化的层面，就有中国古代书法、中国古代绘画、中国古代音乐、中国古代艺术、中国古代篆刻、中国古代家训、中国古代戏曲、中国古代版画等；在制度文化的层面,就有中国古代科举、中国古代官制、中国古代教育、中国古代军队、中国古代法律等。

此外,在历史的发展长河中,中国各行各业还涌现出一大批杰出人物,至今闪耀着夺目的光辉,以启迪后人,示范来者。对此,这套丛书也给予了应有的重视,中国古代名将、中国古代名相、中国古代名帝、中国古代文人、中国古代高僧等,就是这方面的体现。

生活在 21 世纪的我们,或许对古人的生活颇感兴趣,他们的吃穿住用如何,如何过节,如何安排婚丧嫁娶,如何交通出行,孩子如何玩耍等,这些饶有兴趣的内容,这套"中国传统民俗文化"丛书都有所涉猎。如中国古代婚姻、中国古代丧葬、中国古代节日、中国古代民俗、中国古代礼仪、中国古代饮食、中国古代交通、中国古代家具、中国古代玩具等,这些书籍介绍的都是人们颇感兴趣、平时却无从知晓的内容。

在经济生活的层面,这套丛书安排了中国古代农业、中国古代经济、中国古代贸易、中国古代水利、中国古代赋税等内容,足以勾勒出古代人经济生活的主要内容,让今人得以窥见自己祖先的经济生活情状。

在物质遗存方面,这套丛书则选择了中国古镇、中国古代楼阁、中国古代寺庙、中国古代陵墓、中国古塔、中国古代战场、中国古村落、中国古代宫殿、中国古代城墙等内容。相信读罢这些书,喜欢中国古代物质遗存的读者,已经能掌握这一领域的大多数知识了。

除了上述内容外,其实还有很多难以归类却饶有兴趣的内容,如中国古代乞丐这样的社会史内容,也许有助于我们深入了解这些古代社会底层民众的真实生活情状,走出武侠小说家加诸他们身上的虚幻的丐帮色彩,还原他们的本来面目,加深我们对历史真实性的了解。继承和发扬中华民族几千年创造的优秀文化和民族精神是我们责无旁贷的历史责任。

不难看出,单就内容所涵盖的范围广度来说,有物质遗产,有非物质遗产,还有国粹。这套丛书无疑当得起"中国传统文化的百科全书"的美誉。这套丛书还邀约大批相关的专家、教授参与并指导了稿件的编写工作。应当指出的是,这套丛书在写作过程中,既钩稽、爬梳大量古代文化文献典籍,又参照近人与今人的研究成果,将宏观把握与微观考察相结合。在论述、阐释中,既注意重点突出,又着重于论证层次清晰,从多角度、多层面对文化现象与发展加以考察。这套丛书的出版,有助于我们走进古人的世界,了解他们的生活,去回望我们来时的路。学史使人明智,历史的回眸,有助于我们汲取古人的智慧,借历史的明灯,照亮未来的路,为我们中华民族的伟大崛起添砖加瓦。

是为序。

2014年2月8日

前 言

中华文化之所以成为世界四大文化体系中唯一没有中断的体系，是因为其具有极强的包容性与开放性。自秦汉时期开始，历朝历代的统治者都高度重视对外交往，陆上与海上"丝绸之路"成了先进的中华文化外传的重要桥梁。任何文化都根植于发达的经济，因此欲了解文化，必先了解经济。

中国古代社会，以农立国，勤劳质朴的先民在中国这块土地上，创造了农业文明，形成了独具特色的中国农业。农业的高度发达，再加上领先于世界的科技，极大地推动了手工业生产的发展，进而促进了商业的繁盛。古代先民充分发挥他们的聪明才智与勤劳勇敢，不断创新发展，不断从实践中获取真知，不断推进中国经济社会的发展。他们对大自然利用的巧夺天工，对土地的无比热爱和执着，对劳动工具创造改良的精巧，都令世人惊叹不已。在战国后期，我国比西欧提前一千多年确立了封建土地所有制，随着这一基本经济制度的不断发展、完善，相关的赋税制度、经济政策、科学知识等均得到了极大发展，从而大大推动了农业、手工业和商业的繁荣发展，创造了灿烂辉煌的经济文明和向往。中国的原始农业起源于黄河—长江流域，并首先在中原地区达到较高水平，南宋后经济重心南移。随着生产工具的进步，原始社会的刀耕火种发展到简单协作的耜耕农业；春秋战国时期，铁犁、牛耕出现并使用，以家庭为单位、农业与个体手工业相结合的自给自足的小农经济基本定型，并在古代社会一直延续。明清之际虽然产生了资本主义萌芽，但经济结构没有突破性进展。到了近代，耕织结合的小农经济阻碍了新的生产关系的发展，成为束缚经济进一步发展的因素。古代中国的手工业在世界一直处于领先地位，官营手工业代表着当时生产技艺的最高水平。明中后期，在私营手工业里产生了雇佣关系，孕育了资本主义萌芽。早期商业发展繁荣，城市规模与功能不断扩大，汉唐之际的对外贸易繁荣。明清之际，封建经济全面繁荣，商业发展出现了新特点。但在重农抑商、闭关锁国政策下，资本主义萌芽受到阻碍，也失去了对外贸易的主动权，没有跟上世界大潮流，中国经济逐渐落后。

  在19世纪之前，中国的经济发展一直领先于世界其他各国。古代的中国有着发达的农业，先进的手工业和繁盛的商业，从而为文明的萌生和发展提供了雄厚的经济基础。我们讲中国古代文明辉煌灿烂，首先应当明白在中国悠久的历史上经济的发展状况与特点。本书从古代农业、手工业和商业三方面对中国历朝历代的经济发展作了详细的介绍和说明，用人物、事例、图片带您全面感受和了解中国传统文化。

目录

第一章 古代经济概述

第一节 古代经济发展的要素 ………………………… 2
　　地理环境与经济发展 ……………………………… 2
　　传统经济走向与经济结构变化 …………………… 5
　　古代经济技术的发展方向与经济发展的变化 …… 7
　　古代土地赋役制度与经济发展 …………………… 8
　　古代工商业政策与经济发展 ……………………… 10
　　古代经济重心的转换与经济发展 ………………… 12

第二节 古代的人口问题与经济发展 ………………… 14
　　古代人口发展的四个台阶 ………………………… 14
　　古代人口发展的影响因素 ………………………… 16
　　古代人口问题与经济发展的关系 ………………… 18

第二章 古代传统经济的形成与发展

第一节 中国古代传统经济发展概述 ………………… 22
　　中国古代的原始经济 ……………………………… 22
　　三次社会大分工 …………………………………… 23
　　中国古代经济重心的变化 ………………………… 24

第二节 城市经济的发展与繁荣 ……………………… 26
　　战国秦汉时代的城市与城市经济 ………………… 26

　　　　魏晋南北朝时期城市与城市经济的发展 …………………… 29
　　　　隋唐时期城市与城市经济的进展 ……………………………… 29
　　　　两宋时期城市经济的繁荣 ……………………………………… 32
　　　　兴盛一时的元代城市经济 ……………………………………… 34
　　　　明代城市的发展 ………………………………………………… 36
　　　　清代工商业市镇的发达 ………………………………………… 38
　　第三节　资本主义的萌芽与传统经济的终结 …………………… 40
　　　　中国资本主义的萌芽与发展 …………………………………… 41
　　　　中国传统经济的终结 …………………………………………… 42

第三章　古代农业经济

　　第一节　农业的起源与发展 ………………………………………… 46
　　　　中国农业的起源 ………………………………………………… 46
　　　　五谷的形成与发展 ……………………………………………… 48
　　　　农业生产全方位的发展 ………………………………………… 51
　　　　粮食构成发生重大变化 ………………………………………… 53
　　　　南方经济作物和植茶业开始崛起 ……………………………… 55
　　　　新的高产粮食作物的引进和传播 ……………………………… 57
　　　　其他经济作物的发展 …………………………………………… 58
　　第二节　古代农业耕作制度演变 …………………………………… 60
　　　　中国古代耕作制度的演变 ……………………………………… 60
　　　　北方旱地的耕作技术体系 ……………………………………… 66
　　　　南方水田的耕作技术体系 ……………………………………… 67
　　第三节　古代农田水利工程 ………………………………………… 70
　　　　渠系工程 ………………………………………………………… 70
　　　　陂塘蓄水 ………………………………………………………… 75
　　　　御咸蓄淡工程 …………………………………………………… 76
　　　　陂渠串联工程 …………………………………………………… 77
　　　　圩田工程 ………………………………………………………… 78
　　　　淀泊工程 ………………………………………………………… 80

海塘工程 ………………………………………… 81
　　坎儿井工程 ……………………………………… 83

第四章　先进的手工业

第一节　古代手工业发展概述 …………………… 86
　　中国古代手工业的产生与发展 ………………… 86
　　中国古代手工业代表部门和成就 ……………… 86
　　古代手工业由官到私的转变 …………………… 88
　　中国古代手工业发展的特征 …………………… 89

第二节　异彩纷呈的纺织业 ……………………… 91
　　原始社会时期的纺织起源 ……………………… 91
　　夏商周时期的纺织 ……………………………… 93
　　秦汉时期的纺织业 ……………………………… 95
　　三国两晋南北朝时期的纺织 …………………… 97
　　繁荣发展的隋唐纺织业 ………………………… 98
　　宋元纺织技艺的创新 …………………………… 101
　　神州遍地植棉桑 ………………………………… 103
　　日益发展的纺织业 ……………………………… 105

第三节　享誉世界的陶瓷业 ……………………… 107
　　先秦两汉时期的陶瓷业 ………………………… 108
　　魏晋隋唐时期的陶瓷业 ………………………… 108
　　宋元时期的陶瓷业 ……………………………… 110
　　明清时期的陶瓷业 ……………………………… 110

第四节　技术高超的冶金业 ……………………… 111
　　青铜制造业发展概述 …………………………… 111
　　冶铁业与炼钢业 ………………………………… 112

第五章　繁盛的商业与贸易

第一节　古代商业发展简史 ……………………… 118
　　古代的物物交换 ………………………………… 118

西周的商业 ·· 119
　　春秋战国商业的新发展 ······································ 120
　　城市商业与农村商业 ·· 121
　　宋元的商业 ·· 123
　　明清的商业 ·· 125
第二节　多元的古代商业元素 ······························ 128
　　重农抑商政策 ·· 128
　　商品专卖制度 ·· 130
第三节　古代商团组织与商帮商会 ··························· 133
　　商帮 ··· 133
　　会馆 ··· 138
　　公所 ··· 144
　　行会 ··· 145
　　商会 ··· 149
第四节　古代海外贸易 ··· 154
　　秦汉时代海外贸易的萌芽 ··································· 155
　　六朝时期海外贸易的进展 ··································· 156
　　唐代世界性海上贸易圈的形成 ······························ 159
　　五代时期中国海外贸易 ······································ 161
　　宋元时代海外贸易的重大进展 ······························ 162
　　闭关主义下明清时期的海外贸易 ··························· 164
第五节　古代货币制度 ··· 166
　　通货利商——货币与信用 ··································· 166
　　行用最久的货币——圆钱 ··································· 167
　　历史上的金、银钱币 ··· 171
　　纸币与信用工具 ·· 174
　　古代信用制度与借贷行为 ··································· 178
　　票号与钱庄 ·· 180

参考书目 ··· 184

第一章

古代经济概述

在不同历史时期,经济发展的原因虽不尽相同,但从整体上来说原因主要有三个。一是政策的因素。历代统治者制定的有利于经济发展的土地政策、赋税政策,或者一定时期对统治政策进行调整的变法、改革。二是科技的推动。劳动人民改进工具,提高生产技术;兴修水利,免除水旱灾害;政府推广优良品种;历代总结生产经验的著作可以指导人们直接把先进的技术转化为生产力。三是人民群众辛勤劳动。各族人民互相融合,共同劳动,相互学习,提高生产技术。

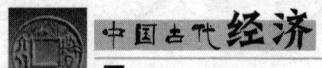

第一节
古代经济发展的要素

研究中国古代经济，首先应立足于整个中国古代社会，立足于它所存在的自然与社会环境，整体把握中国古代经济发展的脉络与特性。古代经济发展的环境、经济结构、经济技术发展的道路、经济制度与经济政策、经济区划等，都是我们探讨的对象。

地理环境与经济发展

这里的地理环境主要是指人类社会生存于其中的自然环境，包括气候、土壤、地形地貌、植被、水文以及自然灾害等，它对经济与社会发展的影响主要表现在三个方面。

1. 地理环境特征的影响

中国的地理环境有三个基本特征：

（1）可资利用的土地面积较小。中国平原面积12亿亩，仅占国土面积的8.5%；即使加上海拔500米以下的丘陵地带，理论可垦面积也只有19亿亩。因此，耕地面积与所承受人口数量之间的矛盾十分突出。直至今日，这种情况更加突出，我国人均占有耕地面积尚不足世界平均水平的1/4，耕地与人口的矛盾更加尖锐。

（2）土壤条件较差。中国的农业地区除东北一隅外，绝大部分土壤属物理性状较差的盐碱、红壤等。《商君书·算地篇》即说当时全国土地中"坏田占十分之二，好田占十分之四"。

(3）气候条件差异较大。中国的山脉纵横交错，地形复杂，全国大部分地区处于西北大陆干旱风与东南海洋风之间，雨量分布极为不均，易于形成灾害性天气。据统计，自公元前206年至公元1936年间，我国历史上有案可查的自然灾害就达5150次，平均每半年即有一次。即使在今天的生产力水平下，我国15亿亩耕地中每年也还有4亿亩以上面临水旱威胁。

中国自然环境的以上特性极大地影响了中国古代经济发展的道路与方向。中国传统农业经济是建立在精耕细作基础之上的以土地经营为核心的综合经济。在历史上，无论是耕、织还是畜牧，都是以土地经营为基础的。那种可游离于土地经营之外的畜牧业仅在夏商时代占有一定的位置。此后，由于可垦土地的狭小与人口的增长，需要广大牧场的畜牧业很快就被小块垦殖的精耕细作的种植业所排挤。粮食生产之外，古代的纺织主要以桑麻为原料，而桑麻生产又多借助于有限的耕地，因此也属于土地经营的范畴。即使是在呈现出一定的商品化生产倾向的明清时代，也始终未脱离封建自然经济的桎梏，始终未形成商品生产的大潮流。

2. 地理环境变化对经济发展与变化的影响

魏晋南北朝时期正处于5000年来的第二个低温期，其最低点为公元400年前后，也就是东晋十六国与南北朝的初期。在这一时期，年平均气温较之今天低了近2℃；较之温暖的秦汉时代，也下降了2℃~3℃。

天文学与气象学研究表明，寒冷期与干旱密切相关，寒冷直接制约着降水量的大小。而寒冷与干旱相合，则成为影响与制约农业生产的重大危害因素。

研究表明：在其他条件不变的情况下，年平均气温每下降1℃，粮食单位产量就会比常年份下降10%；同样，年降水量每下降100毫米，单位面积粮食产量也会下降10%。而低纬度地区则影响不大。

气候的寒冷与干旱对魏晋南北朝时期农业的最大影响还在于它导致了北方农牧分界线的南移。有研究表明，在其他因素不变的条件下，某一地区年平均气温降低1℃，就等于把这一地区向高纬度推移200~300千米；同样，如果天气干旱，年降水量减少100毫米，我国北方农业区就会向南推移100~500千米。也就是说，年平均气温每下降1℃，我国北方农业区就会大幅度南移。

土壤沙化

3. 地理环境对人类活动的反馈

人类社会自产生以来，便开始向其赖以生存的自然环境施加着自己的影响。进入文明社会后，这种影响的力度更以加速度的方式递增。人们开垦荒地，采伐林木，兴修水利，开采矿藏，不断地提高着改造自然、利用自然的能力，促使自然环境发生着种种深刻的变化。一方面，这种变化在某些时期、某些地区当然是人们改造自然、利用自然的结晶，有利于人们进一步的生产与社会活动。但另一方面，这种变化又必然地对人类社会发生着巨大的负面影响。

魏晋南北朝以及隋唐时期，人们对自然界所施加的影响中，以森林植被的破坏为严重，特别是北方与西北地区更为突出。这一地区，曾经草木繁茂，植被完好。隋唐时代，尤其是唐代中后期，森林植被的萎缩已十分引人注目。当时朝廷大兴土木，大量森林遭砍伐。森林与植被的破坏，对农业生产产生了三个方面的直接影响：

首先，促进了土壤的沙化。

其次，促成了水土流失，使土壤肥力减弱。

再次，森林与植被的破坏，使其原有的蓄水、涵水作用消失或减弱，使北方地区的水利资源日益紧张。再加上对水利资源的滥用，更使得北方地区的地表水量不断减少。而地表水量的减少，又使这一地区旱灾不断加重。

在农业生产力相对落后的古代社会，这种因人为因素而带来的自然环境的恶化往往是难以消除的，而且，也是难以恢复与调整的，这也是隋唐以后我国北方农业生产越来越落后于南方的一个重要因素。

传统经济走向与经济结构变化

传统经济结构主要包括农业经济结构、工商业经济结构，但在此基础上，还应当着眼立足于其上的城市经济与乡村经济的关系，并进而探求其成因与影响。这是把握中国古代经济运行脉搏的重要一环。

1. 占据主导地位的农耕经济

如前所述，中国古代农业经济结构是以土地经营为核心的综合型经济，是典型的以家庭为单位的综合经营。这一方面固然是由于自然条件与生产对象在一定程度上为中国农民提供了这种可能性，如蚕织、麻织均可通过家内劳动完成。但更重要的一方面则是由于在精耕细作制度下，农民劳动生产率较低，生产所获除缴租纳赋外，所余无几，因此，

古代纺织

农村人口中的绝大多数都必须投入土地经营。这就使得历史上的中国农村社会分工十分薄弱，专业手工业者十分少见。直到 1950 年，山东省对 49 个自然村的调查表明：投入土地经营的人口依然占全部农村人口的 99.2%。家庭综合经济之发达，由此可见一斑。

与之相联系，历史上的中国农民进行着比较独立的小土地经营，除向封建国家或地主完赋纳税外，在生产经营上有较大的自主权。占有一份土地的自耕农自不待言，即使那些租种地主土地的佃农亦可以自主经营，甚至能够转卖佃权，田主也不得过问，只要按时缴足田租即可。

2. 处于依附地位的工商业经济

中国古代工商业经济结构的突出特点就是具有很大的混合性与依附性。

首先，对于乡村工商业而言，其突出的特点是手工业与商业的难以分割，以及工商业与农业经营的难以分割。对于乡村手工业商业者而言，他们多是亦工亦商，如《盐铁论·水旱》中所言，手工商业者"各务为善器，器不善者不集。农事急，挽运衍之阡陌之间。民相与市买，得以财货五谷新弊易货。或时贳民，不弃作业"。这一传统一直存在于整个中国古代社会。一方面，古代农民的自给自足经营中的家庭手工业与商业交换具有不可分割性；另一方面，乡村工商业经济又对农业经济具有极强的依赖性，他们完全依赖农业而生存，没有形成相对独立的手工业商业体系。因此，当中国古代农业在战国秦汉时代出现了第一次技术革命时，乡村手工商业也取得了空前的繁荣。但从此以后，中国古代农业经济再未发生重大变革，小农经济只是简单再生产的重复，依托于农业的乡村工商业也就不可能发生历史性的进展。

其次，对于城市工商业来说，其突出的特点就是依附性。所谓依附性主要是指城市工商业对政权以及上层社会的依附。春秋战国时代，随着"工商食官"的瓦解，城市工商业突然面临着一个巨大的发展空间。到西汉前期，富商大贾层出不穷，"天下熙熙，皆为利来；天下壤壤，皆为利往"，涌现出了相对独立、富可敌国的一批商业巨子。但到汉帝时，随着以盐铁官营为核心的经济干预政策的实施，这一局面戛然而止。自此以后，在相当长的一个历史时期内，城市工商业便沿着两条主线曲折地行进：一条是官营工商业，它的特色是对盐铁等重大经济命脉的垄断性生产、经营，以及以强制为基础的官营手工业作坊面向皇室与官员的消费服务性生产；另一条是私营工商业，它的特色是以商为主，以工为辅，依托政权，服务于官方与上层社会。

在这两条主线中，官营工商业追求的是使用价值，私营工商业追求的是消费性贸易利润。对官营工商业而言，其生产与交换固然要追求产业利润与商业利润，而且，官营工商业所得在一些历史时期对于王朝财政也的确起到了重要的支持作用。但它首先追求的仍是自身的使用价值。对私营工商业而言，它主要服务于上层社会的奢侈性消费以及关乎国计民生的垄断性生活消费如盐、茶之类。因此，私营工商业者没有形成自己的生产体系，没有形成规模化的手工工场，其商品的来源主要是分散于各地的个体农民与个体手工业者，商品构成是生活消费品与奢侈品。其本质是向上层消费者提供社会产品的中间转运贸易，缺少生产领域之间、生产要素之间以及地区之间的生产性贸易。这样，私营工商业者的资金流向也主要地用于产业经营以外的领域，比如高利贷、贩运商业等。

由此，在中国古代经济结构中，城市经济一直未能占据主导地位。中国古代经济形成了城乡一体以农村经济为主导的经济，加上城乡工商业中的混合性与依附性，构筑了独具特色的经济结构。

古代经济技术的发展方向与经济发展的变化

经济技术是经济发展的动力与先导。在中国古代社会，它主要由农业生产技术与手工业生产技术两大部分组成。中国古代的农业生产技术与手工业生产技术，都曾遥遥领先于世界，为中国古代经济的辉煌与中国古代社会的繁荣奠定了坚实的基础。它们在长期的发展中形成了独具特色的发展道路。

1. 农业生产技术的发展

古代农业生产技术包括农业耕作技术、水利灌溉技术与农产品加工技术。精耕细作是中国古代农业耕作技术的最突出特色，这是由我国特定的自然条件所决定的。我国土壤与气候的特性以及频频发生的水旱灾害使大面积的粗放经营难以实现，广种未必多收。西晋傅玄即明确指出："耕夫务多种而耕嘆不熟，徒丧功力而无收。"只有小面积的精耕细作才能比较有效地减轻不利自然条件的影响。其他诸如施肥、水利灌溉等项对不利自然条件的缓解作用就更明显了。因此，历史上中国农业产量的多寡不取决于播种面积的多少，而是取决于精耕细作的水平。北魏著名农学家贾思勰就曾告诫道："凡人家营田，须量己力，宁可少好，不可多恶。"

这种精耕细作在一定历史时期内会使农业生产技术与农业产量达到一个相当的水平，促进整个农业经济的繁荣。但是，这种精细化农业的发展道路，又使得生产工具与生产技术的进步没有充分的空间，难以出现新的突破与变革。从汉至明清甚至近代，中国传统的农业耕作虽处在进步中，但一直变化幅度不大。虽然犁和铧无论在形制、种类还是质地上改进都比较大，但就主要耕作形式而论，自汉至近代没有什么根本不同，无非是一牛耕田法或二牛耕田法两类。

与技术发展相应，精耕细作还直接制约着中国封建农业的转化。精耕细作所带来的农民劳动生产率的低下，加之封建统治阶级的残酷剥削，使历史上的中国农民除完赋纳租外，已没有多少多余的产品进行交换。不仅租种地主土地的佃农们"终岁勤勉，所得粮食除完交田主租息外，余存无几，仅堪糊口"，就是那些自耕农民能做到收支相抵也就很难得了。遇有水旱灾害或"赋敛不时"，仍要"卖田宅、鬻子孙以偿债"。因此，历史上中国农民的自给自足经营，始终未能完成向商品经济的转化。这直接延缓了中国封建农业的转化，也决定着历史上的中国农业本身无力进行大规模的技术改造，更不可能出现欧洲历史上曾经出现过的以农业积累促进工业化进程的现象。

2. 手工业技术的发展

古代手工业技术最大的特点是实用技术的发达与成熟，不论是我们率先发明的技术还是后天引进的技术，都能在很短的周期内臻于成熟。

有人将中国古代标志性的科学技术简称为四门科学、三门类、四大发明。四门科学为天文、数学、农学、医学；三大技术门类为纺织、陶瓷、建筑；四大发明为造纸、火药、活字印刷与指南针。无论是科学还是技术，都具有很强的实用性色彩。中国古代有丰富的农学著作与一个又一个知名的农学家，但无论是《氾胜之书》还是王祯《农书》，都是农业技术方法的汇集。同样，天文、数学与医学也是如此，数学更是面向历法编制与现实生活所需的计算，没有形成完整的数理逻辑系统。三大技术门类与四大发明也都没有相应的理论依托与技术体系支撑，实际上多是单项技术与发明的集合。即使如享誉世界的"四大科学名著"——《本草纲目》、《农政全书》、《天工开物》与《徐霞客游记》，也都是集以往技术之大成，在这里面并没有能导致传统技术与科学发生突变的因素。

古代土地赋役制度与经济发展

土地赋役制度是中国传统经济政策的根本。在几千年的政策沿革中，经济政策的内容与形式繁复多变，但万变不离其宗，无论是财政税收、金融货币，还是重农抑商以及各种田制、徭役制度的设计，都直接或间接地受制于土地政策。

中国古代的土地赋役政策可以划分为三个阶段：第一阶段是自夏商西周至井田制瓦解，其特点是税人与税地的合一，井田制及建立在其上的赋役征收方式是其典型代表；第二阶段是自战国授田制到中唐均田制的瓦解，其特点是以人户为税基的赋税占主导地位；第三阶段是自两税法到清朝的摊丁入亩，其特点是以土地为税基的赋税逐步占据主导地位。这三个阶段的历史进程与宗族土地所有制、土地国有制、土地私有制三种土地形态的变化紧密联系在一起。

在宏观把握中国古代土地与赋税制度的变迁时，我们还应对大土地所有制有一个客观的认识。

首先，中国古代的国家政权对私有地权一直处在抑制中。尽管中国古代土地所有制发展的方向是不断的私有化，至两税法之后，土地所有者已享有了较为完整的私有权利。但封建王朝对土地的最终所有权并未放弃，自秦汉至明清各王朝从未正面认可过土地所有者私有权益的不容侵犯，也从未放弃过国家对所有土地的最终处置权。从授田、占田、均田，包括王莽新政中的"王田"制，都是其具体体现，即使到了清朝中后期，这种认同仍有广泛的社会基础。即使农民起义领袖洪秀全在轰轰烈烈的太平天国革命中，对土地问题开出的药方也只是以政权的力量改变土地所有权的配置。

知识链接

太平天国的土地政策

在《天朝田亩制度》中，详细规定了土地分配的原则和方法。它先把田亩按其产量多少，分为三级九等；同时规定土地分配的原则是：

凡天下田，天下人同耕。此处不足，则迁彼处，彼处不足，则迁此处。凡天下田，丰荒相通。此处荒，则移彼丰处，以赈此荒处。彼处荒，则移此丰处，以赈彼荒处。务使天下共享天父上主皇上帝大福，有田同耕，有饭同食，有衣同穿，有钱同使，无处不均匀，无人不饱暖也。

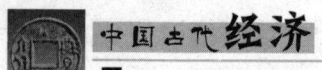

其次，中国古代地权关系具有不稳定性和分散性。虽然在土地私有化的状态下，土地兼并一刻也不会停止，但在兼并的同时，地权的不断转移与分散也一刻也没有停止，这是中国古代土地关系的特色所在。正因如此，经过两千年"土地兼并的狂潮"，到近代中国，依然是多元化的地权占有格局。

古代工商业政策与经济发展

中国古代的工商政策有三条基本原则，即抑商、官办与垄断。

1. 抑商政策

抑商可以说是秦汉以来历代王朝一以贯之的工商政策，这主要是因为中国古代社会的统治基础是乡村农民以及他们的农业生产，仰仗的完全是乡村农民。中国古代社会商业的发达与繁荣，对乡村农民形成有力冲击：他们一方面通过商品交换与高利贷盘剥农民；另一方面则将大量的商业资本投入土地，兼并农人，更重要的是商业活动丰厚的利益回报又吸引着相当一部分农民"舍本趋末"，削弱了王朝的统治基础。在这种情况下，各个王朝无一例外地都实行了"重农抑商"政策。重农无非是轻徭薄赋或给予一定的法律上的地位，但难以真正兑现，因此，它往往只作为抑商的目的出现。抑商则是通过贬抑商人的法律地位以及税收政策、强力剥夺等方式，削弱商人的力量。

知识链接

五花八门的抑商政策

西汉王朝建立后即规定商人不许乘车骑马，不许为官，不许着丝绢服装；秦汉时代的"七科谪"，有四类与商人有关，即贾人、尝有市籍者、大父母、父母尝有市籍者。这四类人要与罪犯、赘婿、闾左等被征调戍边。至明洪武十四年（1381年）仍下令："农民之家许穿纳纱绢布，商贾之家，止穿绢布。如农民家但有一人为商贾，亦不许穿䌷纱。"

第一章 古代经济概述

当然，中唐以来，随着间接税在国家财赋体系中地位的提高，抑商措施也有所变动，至清朝更有"恤商"与"利商"之说。但从总体上讲，抑商一直是整个中国古代社会工商政策的一条主线。

2. 官办政策

其实，历代王朝对于工商业的地位与作用十分明晰，历代王朝也无不高度重视工商业的发展。既然如此，那么"抑"从何来呢？事实上，"抑商"抑的是王朝所控制的工商体系之外的私营工商业。与之相应，则是历代王朝对官手工业与官营商业的高度重视。自上而下自成体系的官手工业管理机构以及官手工业作坊、名目繁多的"官山海"与"榷卖"制度是两大基本支柱，对于这一体系中的富商大贾，历代王朝往往是不抑反扬，给予充分的扶持。因此，在中国传统工商体系中，占主导地位与绝对优势的是官营工商业，官方的垄断性经营是传统工商业的突出特色。

官办政策体现在工商业的各个方面，历代王朝都有庞大的官手工业体系，也都从事着官营商业。尤其是官办手工业，不仅供给着整个王朝的基本需求，而且还控制着关系国计民生的几乎所有重要的手工行业。如唐王朝管理官手工业的部门就有少府监、军器监、诸铸钱监、将作大匠、甄官令等。少府监即有工匠19000多人，将作监有15000多人，除京城与宫中设有多处大型手工业作坊外，各地也设有各种官手工业机构，主要有采矿、冶金、铸造、军器制造以及从事各种手工业制造的"作院"，等等。维持官手工业运转的不是正常经营与交换，而是带有强制性的"任土作贡"与"匠籍"制度，分别保障着其原料供应与劳动力投入。在这种情况下，私营手工业与个体手工业者的发展空间便大受影响。

3. 垄断政策

垄断政策的集中体现是自秦汉以来的禁榷制度。自秦汉至明清，除某些短暂的特定时期外，历代王朝对于商业利润丰厚的行业都实行垄断政策，盐、铁、酒、茶便是主要对象。中国古代的工商垄断政策可以以刘晏的榷盐法为界划为前后两个时期：前期的垄断以官办为主，后期的垄断则是官与商的结合，以特许商人的商运商销为主。正因为此，后期的垄断深度与广度都大为拓展，垄断收益在王朝财赋收入中占有重要地位，有时，甚至可以占到半壁江山。这种官商结合的后期垄断对于传统经济的转型以及资本主义萌芽的成长有着十分强烈的负面影响,是近代历史进程的主要障碍之一。

古代经济重心的转换与经济发展

中国古代的经济区域首先是在农业生产与农业经济的基础上形成的。中国古代最早的经济区域是黄河中下游经济区与长江下游经济区,前者以磁山文化、裴李岗文化、后李文化、北辛文化为代表,后者以河姆渡文化为代表;前者是以粟为主的旱作农业,后者是以稻为主的水田农业,时代均在新石器中期,也就是距今七八千年以前。在新石器时代晚期,形成了几个较为稳定的经济区域,有黄河上游的马家窑文化区、中游的仰韶文化区、下游的大汶口文化区,辽河中上游的红山文化区,长江中游的大溪文化区与屈家岭文化区、下游的马家浜文化区与崧泽文化区,还有珠江流域的石峡文化区,等等。其中比较突出的变迁是河姆渡文化的衰落。新石器中期的河姆渡文化是我国稻作农业的主要起源地,此时长江下游的经济文化与北方黄河流域的文化相互辉映,各具特色。但自新石器末期到国家形成的过程中,这一地域渐渐落伍,至秦汉时期,与黄河流域的发展相比已无法同日而语。

进入文明时代后,经济区划一直处在发展变化中。中国经济的重心经历了由东到西,又由西返回,再进而南下的变化过程。

夏商时代,中国古代经济的重心在黄河中下游地区;西周时代,则移至关中地区;春秋战国时代,东方诸国经济迅速崛起,但没有形成一个稳定的经济重心,属于多重心时代。也正是在这种多中心的经济发展中,关中以及蜀中这块被班固统称为"秦地"的区域占据了龙头地位,秦始皇依托着这种经济上的优势实现了统一大业。西汉时代关中与山东并为两大经济中心,但山东地区的经济发展状况明显强于关中。东汉时代,关中凋敝,经济重心完全东移,自洛阳到青齐一带是当时无可争辩

河姆渡文化遗址

的经济中心。魏晋南北朝时代，又是中国古代史上经济中心的多元化时代，这一时代，先是山东、巴蜀、江东三大经济中心的并立，其后的变化都是在此基础上进行的。隋唐时代，各地经济都得到长足的发展，其格局仍是三大经济中心的并立，但其内容已大不同于前代，这一时期所形成的是以长安、洛阳为基点的商业贸易与手工业中心，以扬州为基点的江淮综合经济中心以及以益州为基点的农业、手工业中心。宋元明清时代，是中国古代经济区划发展的成熟时代。这一时代，就经济比重与经济发展水平而言的经济重心已移至南方，但与此同时，则是各类经济不断拓展，不同类型的专业化经济中心越来越多，分布也越来越广，实际上，又进入了一个经济多元化与多中心的时代。

在中国古代经济区划的变迁中，我们可以看到三个基本趋势：

首先，中国古代经济区域的变迁过程同时也是中国古代经济区域的不断拓展过程。秦与西汉时代，关中为经济重心所在，其经济区域的拓展首先是在与之毗邻的巴蜀、新秦与河西开展的。唐宋时代，随着经济重心的南移，经济区域拓展的方向也转向与其相邻的珠江流域与长江中游地区。明清时代，这种经济区域的拓展表现出无主题的放射性特点，核心内容是以黄河与长江流域为中心，向周边地区如东北、西北、西南以及台湾等地区全面拓展。

其次，中国古代经济区域的变迁过程同时也是经济中心多元化的过程。在经济区域的变迁过程中，经济重心的移动趋势清晰可寻，但在人们所熟知的经济重心移动的同时，我们可以看到新的经济重心越来越失去其"唯一"性，区域性、复合性、专业性的经济中心开始增多。尤其在中国古代经济重心南移后，多中心的经济区划新格局也已形成。在这一新格局中，以贸易、手工业为主要内容的城市经济中心占据着重要位置。

再次，中国古代经济区域的变迁过程同时又是政治中心与经济重心的分离过程。秦汉及其以前，中国的政治中心与经济重心是一致的，东汉之都洛阳、西汉之都长安以及夏商周秦建都都是如此；魏晋南北朝时期，各国的都城也都是定在各自的经济中心地带。自隋唐起至北宋王朝，随着经济重心的东移与南下，政治中心与经济重心开始分离。不过，这一历史时期可以看作一个过渡时期。元明清时代，随着政治中心的北上，政治中心与经济重心完全分离，这是经济发展日益具有独立性以及交通运输发达的结果。

第二节
古代的人口问题与经济发展

人口既是古代社会发展的条件,又是古代社会发达的标志。

古代人口发展的四个台阶

中国有着世界上资料最完整、最具连续性的人口统计。早在周宣王三十九年(公元前789年),周王朝就在太原地区"料民"。"料"是数的意思,"料民"就是清查统计人口。秦自商鞅变法以后,对人口统计向来重视,地方官员每年都要将载有人口数字的"计籍"送中央汇总。楚汉战争中,萧何进入咸阳后的第一件大事就是将秦政府的律令、图书和各种统计资料收集保管,使刘邦得以知"天下扼塞,户口多少,强弱之处",最终战胜项羽。西汉平帝元始二年(公元2年),我国第一次有了关于全国人口统计的具体数字。此后,我国历代官方人口统计连续而翔实,使我们可以比较准确地了解历代人口概况,掌握我国古代人口演变的基本趋势。

尽管由于官方统计范围、统计口径的差异和户口的故意隐匿与逃避,各代人口统计数字与人口的实际状况不完全一致,但还是能反映历代人口的基本概况。就人口发展的总体而言,我国古代人口的发展经历了四个台阶。

1. 先秦与秦时期

我国是人类起源地之一,几百万年以前,我们的祖先就在辽阔的土地上繁衍生息。随着人类的不断进化和生产力的提高,人口不断增长。在距今大约1万年前,全国人口总数已达将近100万人。进入奴隶社会后,社会政治结构与生产技术的进步促进了经济的发展，显然有利于人口的增殖。晋代皇甫谧在《帝王世纪》中提供了夏朝初年（约前 2140 年）、西周初期（约前 1060 年）和春秋初期（前 684 年）的人口统计数字，分别是 13553923 人、13714923 人和 11847000 人。这些数字当然不一定可靠，仅是古代学者对远古中国人口数量的估计，但从中仍可以看出中国人口已有较大发展。从战国时期开始，随着社会制度的变革和生产力的发展，人口不断增长，到公元前 4 世纪前期，全国人口达到了 3200 万以上。这是中国人口发展第一级台阶的最高峰。此后，在秦统一全国的战争和秦末农民起义及楚汉战争中，人口损失较大，到汉朝初年全国人口已降到 1500 万左右。

2. 两汉、魏晋南北朝、隋唐时期

由于西汉初年的封建统治者采取了恢复生产的"休养生息"政策，使经济发展和人口繁殖有了相对安定的社会环境，因此人口增长十分迅速。到西汉末年，人口已达到 59594978 人。东汉时全国人口最高的纪录是 56486856 人，略低于西汉盛年，若加上豪强地主隐匿的人口，实际人口数可能超过西汉，大约 6000 万人。

魏晋南北朝时期，我国人口屡次遭受严重损失，一直保持较低的水平。隋代统一后，人口增长迅猛，到（大业五年）609 年，在短短的 20 年间，就由 3000 多万人增至将近 5000 万人。经过隋炀帝的暴政及隋末大动乱，人口再次大幅下降，初唐人口只有 200 万户左右。到唐玄宗天宝年间，经过 100 多年的发展，人口再次增加到 900 万户、5200 万口。如果考虑到隐匿、逃亡的户口，盛唐人口可达到 8000 万左右。

3. 两宋时期

自安史之乱起，我国人口经历了两个世纪的停滞，直到宋朝建立才走上发展道路。两宋人口统计不甚可靠，如徽宗大观四年（1110 年）有 20882258 万户、46734784 万口，每户平均人口数只有 2.2 人，户数与人口数极不相称。

北宋每户平均人口数最低时甚至只有 1.45 口，这更是极不合理的。如果以每户 5 口计，北宋末年人口应超过 1 亿，南宋加上金、夏，大约也有 1 亿，比汉代的人口多出近一倍。

4. 明清时期

从元代到清代，人口发展呈持续上升趋势。清代人口数量更是不断攀升，在 100 多年中就从清初的 1 亿猛增到 4 亿以上。

古代人口发展的影响因素

从中国古代人口的发展阶段可以看出，人口数量是与每种生产方式及其不同发展阶段相适应的，不同历史阶段所能容纳的人口也各有其界限。影响我国人口发展的因素主要有以下三点：

1. 农业生产的发展程度

各时代物质生产特别是粮食生产的水平决定了当代人口的最高界限，农业生产力的发展为容纳越来越多的人口提供了可能。

春秋战国时期，人们已经发明了铁器，制成了铁制工具，有了牛耕，但大多数地区的生产工具还是木制的耒耜，耕作方式还比较落后。这种生产水平能够为人类提供生存资料的最大限度在 3000 万人左右。

两汉时期，铁制农具和牛耕已在主要农业区域推广使用，全国耕地面积不断扩大，农业劳动生产率大大提高。这一时期农业生产所能容纳的人口最高界限已达到 6000 万人左右。

魏晋南北朝隋唐时期，随着长江流域江南、荆襄、巴蜀地区的不断开发，使全国耕地面积大为增加，农业生产水平不断提高，农业劳动生产率也有所增加。在此基础上，全国土地能供养的人口数量不断增长，到盛唐时期已达到 8000 万人左右。

两宋时期，农业生产更趋精细，南方形成以水稻种植为中心的精耕细作的集约化生产。水稻是一种高产作物，因此粮食亩产量大为提高。此外，复种指数也提高了，太湖流域等地形成了稻麦两熟和双季稻的种植。这些都使两宋时期全国人口得以突破 1 亿大关。

明清时期，农业生产又有发展。清代的农业地区扩展到云南、内蒙、西北，东北地区和台湾成为重要的粮食生产基地。玉米、土豆、番薯等高产作物的引进和在全国范围内的推广，促进了粮食亩产量和总产量的增长。这是清代人口数量不断攀升以致突破4亿大关的基本保障。

2. 生产关系的变革和国家赋役制度的变化

春秋战国时期封建制生产关系代替奴隶制生产关系后，农民具有一定的人身自由，拥有了一定数量的私有土地，他们发展个体经济的愿望导致对劳动力的需求，从而直接促进了人口的增殖。封建社会中每一次人口台阶的上升都与封建生产关系的局部变革有关。如唐代中期两税法的征收开始以户等资产（主要是土地）为主，体现了"舍人税地"的精神，这是有利于人口增长的因素；明代"一条鞭法"把赋税、徭役合而为一，统一征收，除米麦以外，其余所有实物都用银折纳，使农民对封建国家人身依附关系更为削弱；清代康熙五十一年（1712年）宣布"滋生人丁，永不加赋"，雍正年间又实行摊丁入亩，中国历史上几千年来的人头税基本被废除。赋税的征收与人口数量的脱钩，使人口增长摆脱了赋税的束缚，不但大量隐匿人口登上户籍，还大大刺激了人口的繁殖。

3. 民族交往与民族融合的扩大

我国是一个多民族国家，复杂的民族关系和民族斗争对人口问题有相当大的影响。

一方面，民族仇视和民族战争造成大量人口的死亡流徙。北方以游牧经济为主体的少数民族入主中原后，许多耕地被改造成牧场，在一定程度上阻碍了农业的发展，从而也阻碍了人口的增长。十六国时期、北朝初期、辽金元时期和清初都存在这样的情况。

另一方面，从历史的总进程看，民族交往、民族融合又是人口发展的重要途径。首先，进入中原的少数民族在农业文明的影响下，改变了自己的生产方式，开始从事农业生产，促进了本族人口的增长，有利于中原地区总人口的增长。其次，少数民族建立的政权往往将大量汉族人民迁移到自己的原居住地，汉族人口的迁入不仅增加了这些地区的劳动力，更带去先进的农业生产技术。在各族人民共同努力下，少数民族地区的经济特别是农业有所提

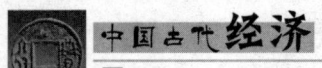

高，从而促进了这些地区人口的增长。再次，民族融合促进了中华民族身体素质的提高，增强了人类自身的繁殖能力。小农生产中，土地是最重要的生产资料，土地的不可移动性束缚了人口的流动，人们思想中的"安土重迁"意识加重了人口的凝固，极小的通婚区域，极易造成人口身体素质的下降。历史上的民族斗争和民族融合不断打破人口分布的界限，为中华民族注入新鲜血液，有力地提高了人类自身的繁殖能力。

古代人口问题与经济发展的关系

所谓人口问题是指人口增长超越了经济承载力，出现了人口过剩的现象。人口过剩并不是以人口多寡为衡量标准，而是要考虑人口总量与社会经济总承载力的关系。人口过剩有两种形式，即相对人口过剩和绝对人口过剩。

1. 相对人口过剩

相对人口过剩是指一定社会发展阶段中特定地区的实际人口数量超过一定生产方式在特定发展阶段下可以容纳的总人口数量。相对人口过剩的产生主要取决于两个方面：

（1）人口增长与经济承载力增长的比例。从战国时期进入封建社会以后，男耕女织的小农经济成为中国基本的生产方式。个体小生产有其独特的人口发展规律。中国古代农业生产以手工劳动为主，技术含量很低，生产工具的革新相当缓慢。在生产力三要素中，劳动者的作用十分突出，农业生产的收益主要取决于劳动力的投入。对一个农户来说，经济的兴衰决定于其家庭劳动力的多少。增加人口特别是男性人口，就是增加劳动力，就意味着他的个体经济的发展。农村劳动力再生产的成本极其低廉，一个孩子作为纯消费者的时间也被压缩到最低限度，七八岁时就可以割草、放牛，十几岁时就要参加田间劳动，所以人口增加给家庭带来的好处要大于负担。对劳动力的需求和劳动力成本的低廉刺激了中国农民的早婚和多产。此外，"多子多福""开枝散叶"的生育传承观念以及极度贫困和缺医少药导致的人口高死亡率，也促进了农民的多生多育。因此，一定阶段中在特定地域内，人口数量会呈现出不断增加的趋势。

与人口增长趋势相比，某一历史时期生产力水平下人类创造的食物有一个最高界限，它大体由当时农业技术条件下可垦地面积与农作物单位面积产量所决定。而一定历史时期土地开垦利用、农作物品种的改良和粮食产量的提高在一定生产力水平上的发展是有限的，这就决定了一定时期社会经济承载力的发展也是有限的。这种矛盾必然导致粮食危机，出现人口过剩。

（2）生产与消费的比例。生产与消费的比例是指生产性人口与非生产性人口的比例。一个社会的人口规模取决于该社会的全部劳动在一定生产力下形成的生产总量，而非生产性活动的人口的最高限界，则是由一定生产力下形成的剩余劳动量决定的。农业社会中，手工业、商业和其他社会活动的发展，也取决于农业生产的剩余劳动量。农业剩余劳动量的提供与生产水平以及生产性人口与非生产性人口的比例有关。生产力水平越高，社会劳动提供的剩余劳动量才可能越多；社会人口中生产性人口越多，非生产性人口越少，剩余劳动量才会越多。就一个时代而言，在再生产技术条件不变的情况下，一定耕地面积下农民的各种产品是一个限量，除去维持劳动力生存必要的生活资料和维持再生产所需的生产储备后，农民能提供的社会剩余劳动量也有一个最高限额，这个限额决定了一个社会非生产性人口的总量。而在中国封建社会中，社会非生产性人口存在着不断扩大的趋势。一是官僚贵族集团的膨胀，人数不断增加；二是为官僚贵族集团服务的皂隶奴仆等非生产劳动者人数增加；三是数量庞大的军队；四是徭役的征发使众多农民脱离了生产领域。

社会非生产性人口的增长使自然界提供给人类的食物总量在人与食物的生产与消费环节上出现严重的比例失调，结果必然出现相对人口过剩。

2. 绝对人口过剩

汉唐时期，我国的基本经济区在黄河中下游。在正常情况下，这里的人口已经达到饱和，从而出现相对人口过剩。但当时尚未开发的地区很多，尤其是长江流域面积辽阔，有着发展农业生产的优越自然条件，黄河流域的相对人口过剩还可以通过向未开发地区移动得到缓和。这一时期人口的增长速度与耕地面积的扩大和粮食总产量提高的速度大体相当，人口增长对封建社会生产力起到了促进的作用。

但到了宋代以后，由于可供开发的地区在当时技术条件下越来越少，人口增长速度超过了耕地面积和粮食产量的增长，人多地少成为全国普遍的现象。清代人口爆炸，连统治者也意识到问题的严重性，雍正皇帝曾说："户口日繁，而地止有此数。"人口的增长与土地的矛盾更为激烈，出现了人口的绝对过剩。人口的增长非但不能促进生产的发展，而且是生产的压力，成为一个沉重的包袱。

从根本上讲，人口过剩是封建制度的必然产物。

首先，封建社会的基本矛盾即小农生产的个体性与封建土地所有制的矛盾不断造成人口相对过剩，日益腐败的封建统治阶级总是依靠超经济强制加重剥削，将农民赖以从事再生产的生产、生活资料据为己有，严重破坏农民的个体生产，直至迫使农民揭竿而起。大规模战争使人口大量减少，过剩的人口问题得以部分解决。

其次，封建制度在其发展的最后阶段，已越来越成为生产力发展的障碍。明清时期就已出现了资本主义萌芽，但封建生产关系严重阻碍了它的发展。生产力水平的长期停滞，使人口总量与经济承载力的比例失调越来越严重，最终导致绝对人口过剩的出现，人口问题日益严重。

第二章

古代传统经济的形成与发展

社会经济结构就是生产关系诸要素以及它们之间的相互联系和相互作用的内在形式和方式。小农经济结构和城市工商业经济结构是我国封建社会经济结构的主要组成部分,它们的形成与发展深刻影响了中国古代经济的历史进程。

第一节
中国古代传统经济发展概述

中国古代的原始经济

人类最早的物质生产方式是采集和狩猎。

人类最早制造的工具极为粗糙简单，主要是打击而成的石器和木棒之类，考古学上称这一时期为"旧石器时代"。元谋猿人、蓝田猿人、北京猿人和其他猿人的遗址中都发现了粗制石器。石器的打制方法比较简单，大都没有定型，猿人们就是利用这些简陋的工具，在茂密的森林和广阔的草原上过着艰苦的采集和狩猎的生活。

在元谋猿人遗址的地层中，发现了许多炭屑。西侯度遗址发现了经火烧后呈黑、灰或黑绿色的哺乳动物的肋骨、鹿角、马牙。北京猿人的洞穴中也发现了厚达六米的灰烬堆积层。这都说明猿人已经会使用火。火的使用是人类经济生活中划时代的大事。火可以用来照明、御寒，可以占领野兽的洞穴，改变生活环境，最重要的是火可以烧熟食物，易于人的消化吸收，增强人的体质，同时过去无法食用的鱼虾蚌蛤之类和野生动物也可以作为经常性的食物，扩大了人类的食物来源。此外，猿人们还采集植物的果实和根茎充当食物，说明采集业也是北京猿人的主要生产活动之一。

在艰苦的劳动斗争中，人类不断进化。随着工具的不断改进，人类的采集和狩猎经济有了较大的发展。

到了距今约5万~1万年前的旧石器时代晚期，人类制造石器的技术更为成熟。除了用直接打击法，还普遍使用间接打击法，比较熟练地掌握了挖孔的技术，制造出各种形式规正、类型分明的石器，适用于不同目的。这一时期最重要的发明是弓箭的使用。弓箭比其他工具更灵巧，射程更远，杀伤力更大，既可射杀野兽，又可射杀飞鸟，也保证了自己的安全。恩格斯说："由于有了弓箭，猎物便成了日常的食物，而打猎也成了普通的劳动部门之一。"山顶洞人还会使用在尖端绑上石矛的木棒，他们能捕捞到一米多长的大鱼。渔猎技术的明显提高，使生活资料比过去大为增加。由于捕获的大型野兽增多，因此当时的骨角器也流行起来。此期的采集经济也迈向新的发展阶段，采集工具逐渐增多，并且出现谷物加工和收获工具。如下川遗址（今山西沁水下川）出土的三件用来加工谷物的研磨盘，峙峪遗址出土的可以割取谷物穗子的小石刀，以及河南安阳小南海遗址中用以收获谷穗的弧背长刮器等。黄河流域的农业以种植粟黍类的谷物为主，谷物采集的普遍，预示着原始农业的萌芽，原始经济即将进入一个新的时代——原始农业经济时代。

三次社会大分工

社会分工指不同社会劳动部门之间的分工，它是在农业发展到除供应农业人口外，还能供应一部分非农业人口或半农业人口之后产生并发展起来的。中国古代经历了农业与畜牧业、手工业与农业、商业与农业的三次社会大分工。

1. 第一次社会大分工

第一次社会大分工发生在原始社会后期，指游牧部落从其他狩猎、采集部落中分离出来。在此以前，交换只是偶然的现象，游牧部落出现后，它所生产的生活资料不仅比其他原始部落多，而且种类也不同，从而使经常的交换成为可能。

这次大分工，有力推动了商品交换的发展，也为私有制的产生提供了物质基础。

2. 第二次社会大分工

第二次社会大分工指手工业从农业中分离出来，发生在原始社会末期。

随着生产力的发展特别是金属工具的采用，当时出现了各种各样的手工业生产，如纺织、榨油、酿酒、金属加工和武器制造等，它们逐渐从农业中分离出来。

这次大分工促进了劳动生产率的提高和生产规模的扩大，使直接以交换为目的商品生产开始出现，并使商品交换范围进一步扩大，从而加速了私有制的产生和原始社会的瓦解。

3. 第三次社会大分工

第三次社会大分工指原始社会瓦解、奴隶制社会形成时出现的一个不从事生产而专门从事商品交换的商人阶级。

商人阶级的出现，缩短了商品买卖的时间，扩大了商品的销路，又一次推动了商品生产和交换的发展。

三次社会大分工奠定了以后社会分工的基本格局，并且对社会经济发展产生了重大影响。商业的产生和发展，对社会经济、政治、文化等产生了全面的影响。

中国古代经济重心的变化

1. 古代经济发展的三个阶段

我国古代不同历史时期的经济发展是不平衡的。我国古代经济发展可分为三个阶段：

第一阶段：从远古到西晋，南北经济从同步发展到北方经济迅速超过南方。在母系氏族繁荣时期，首次形成了南稻北粟的农业格局。到新石器时代晚期，因地理条件合适，黄河中下游地区首先过渡到奴隶社会。战国秦汉时期，北方经济迅速发展。东汉、三国、西晋时期呈现出北方经济衰退和南方经济发展的特点。但曹魏统一北方后，经济得到发展，北方经济力量仍超过南方，因此西晋得以统一南方。

第二阶段：从西晋末年到隋唐五代，全国经济重心第一次在北方失而复得，并开始逐渐南移。经济发展从北方和南方基本平衡到南方经济开始超过北方，使我国经济重心南移成为不可逆转之势。西晋灭亡后北方陷入十六国混战，使经济重心第一次因经济衰退而消失。直到北魏统一北方后采取均田制、租调制等措施后才使北方经济得到恢复。北魏后来分裂为东西魏，又演变为北齐和北周。西魏和北周进行过一系列改革，后来北周统一北方，从而使北方经济实力继续维持超过南方的局面,恢复了经济重心的地位。南朝时,南方经济因局势相对稳定得到发展,并基本上赶上北方,长江流域成为新的经济重心,南北呈现抗衡局面。但北方至隋统一前,北方再度成为全国经济重心,隋朝也得以统一全国。隋唐是我国封建社会的鼎盛时期,黄河流域的农业不仅恢复还有新发展,同时长江流域农业也获得很快发展,南北方经济处于高度发展时期。但安史之乱后,经济重心又呈现出南移的趋势。

第三阶段:五代辽宋夏金元明清时期,经济重心最终南移并不断强化。由于社会和自然的原因,这一时期之初,北方经济继续凋敝,而南方经济包括农业、手工业和商业却更快发展,终于赶上北方,并使南北差距进一步扩大,经济重心完成南移进程,并不断巩固。其中,五代时南方经济的发展,南宋时期南方商品经济的发展和海外贸易的发展,元朝为实现南粮北调而开辟漕运和海运,明清时期江南商品经济的发展和资本主义萌芽是这种经济重心南移趋势的反映。

总体来看,我国古代经济重心转移的规律是:由北向南从黄河流域转移到长江流域和江南一带;由内地向沿海逐渐转移。

2. 经济重心南移的过程

经济重心南移的过程大致分为两个时期:南朝时期开始赶上北方,南宋时期南方超过北方。具体过程是:

东汉末至三国时期,南方开始得到开发(秦汉时期南方就已初步开发);

东晋至南朝,南方得到大规模开发,南朝时南方经济开始赶上北方;

隋唐时期,南方经济迅速发展,南北经济相差无几;

五代十国时期,南方经济进一步发展;

南宋至元朝,南方经济完全超过北方;

明清时期,南方经济重心的地位得到巩固和发展。

3. 经济重心南移的特征

我国古代经济重心南移有三个明显特征:

北方农民的大批南迁,带去了先进的生产技术和经验,体现了当时生产力的较高水平;

南移趋势往往在国家分裂或割据战乱时期最突出;

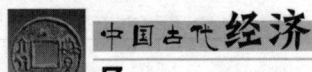

政治重心的南移对经济重心的南移有一定影响。

4. 经济重心南移的原因

我国古代经济重心南移的原因有：
北方战乱多，南方相对和平稳定；
北方农民大批南迁，带去了先进的生产技术，并补充了江南的劳动力；
江南统治者为发展实力，比较重视发展经济；
南北方劳动人民共同辛勤劳动，开发了江南；
南方生产条件和自然环境比较优越。

第二节
城市经济的发展与繁荣

战国秦汉时代的城市与城市经济

中国古代最初的城市只是出于军事防护和政治统治的需要而建立的，和经济发展特别是工商业的发展没有多大关系。从形式上看，春秋以前的城实际上是有围墙的农村，是统治宗族成员的聚居地。其中除少部分宗族贵族之外，大部分人是以农业为生的农民。在城市之内，由于人少地旷，还有不少农田，甚至在天子和诸侯首邑之内，也往往是一片片黍麦。故农业经济是当时城市经济的主体。而且当时的城市规模很小，并有严格的等级规定，以保证统治秩序的稳定。春秋时代，随着等级制的废弃和争霸战争的日趋激烈，各国为救亡图存，增强防御能力，其城池都程度不等地突破传统的约束而有很大发展。

1. 城市发展状况

战国时代，是中国古代城市大发展时期，城市建筑规模进一步扩大，城市数量日益增多，城市居民大量增加。

（1）规模扩大。像韩国都城郑城（今河南新郑），全城东西5千米，南北4.5千米，分为东西两城，西城为内城，东城为外城。河北易县燕下都城是燕昭王时修建的，为战国都城中最大的一座，由两个相近的方城连接而成，东西长8千米，南北宽4千米。临淄是齐国都城，为东方一大都会，规模也十分宏大，由大、小两城组成，总周长21.5千米，总面积达30多平方千米。

（2）数量剧增。春秋以前，地广人稀，小国寡民，国与国之间是大片的荒地。及至战国，人口猛增，荒地垦辟，交通发达，人民聚居通衢要地或土地肥美之处，聚而成邑。各诸侯国根据统治需要、地理形势和军事攻守要求，纷纷建城立邑，设官而治，或派兵把守，因而城市数量如雨后春笋，大量增加。

（3）居民增多。春秋以前。最大的诸侯国都不过3000家，一般城邑千家，少者百室，这些还包括居于城外近郊的人口在内。春秋末战国初，万邑之家已不鲜见，至于国都和地方性大都会，则远远超过此数。像齐之临淄，有7万户，可出兵31万，所谓"车毂击，人肩摩，连衽成帷，举袂成幕，挥汗成雨"，正是城市繁华拥挤的写照。

2. 城市职能的变化

战国城市发展的根本体现是城市性质和职能的变化。

（1）城市居民构成改变。战国时期，城乡进一步分离，只有少量农民居于城市，工商业者成为城市经济的主角。另外，随着官僚政治的确立和社会的动荡不安，官僚、游士、无业流民数量迅速增加。

（2）城市成为政治、军事、工商业生产和贸易中心，城乡关系转变为以生产生活方式差异为基础的官僚贵族工商业者等与农民的对立。春秋以后，官僚政治确立，俸禄制取代食邑制，官僚的生活资料相当一部分要依

燕下都城

赖于市场，地主、贵族更要市场满足自己的消费欲望。城市购买力的迅速增加，刺激了商品贸易的发展，使其成为一个地区的工商业中心。与此相适应的是，官私手工业也大都集中在城市进行，购买原料和销售商品都很方便。

（3）在城市规划上，由原来的以宗法等级为核心的指导思想，转而突出经济因素，主张城市规划根据建设的经济效果进行。

春秋时各诸侯国受西周城市规模管理制度的影响，对城中居民实行行政和军事合一的编制方法。战国时代，因为城市人口结构和职能的改变，城乡分离，遂产生一套新的管理制度，其中有对旧传统的继承，更多的是因时而设的新制度。如：

沿用官署、民居、工商业作坊分治的历史传统，并进一步予以扩大化。比较突出的是工商区域扩大，一个城中出现好几处手工业区。

建立了严密的市场管理制度。为了将城市置于政治权力的控制之下并按其统治需要运转，各国都建立了一套市场管理制度。从简牍文字看，其时市场管理很细密，如银雀山竹书《市法》专门叙述市场设置、货物排列、市吏的责任。秦律《金布律》等则规定货物归类成列，摊位五人编成一组，明码标价，相互监督，从而使市场贸易秩序化，以征收市税。

建立了一套严密的城市居民管理制度。春秋之后城市结构发生变化，其人口密集，成分复杂且流动性大，为此各国建立了一套严密的户籍制度，无论是本城居民还是外来游士商贾，都要登记户口。秦律规定居住要有符证，经商要申报官府，居民以伍为基本单位编制分里居住；其他国还有严格的门禁制度。总之，将城市居民的日常生活、生产、交往都进行了规定，以保证统治秩序的稳定。

秦朝末年由于战争的破坏，战国以来繁荣的城市衰败不堪，所谓"大城名都，民人散亡，户口可得而数者什二三"。西汉建立后，随着封建统治的逐步稳固和社会经济的恢复发展，城市又开始出现繁荣的局面。其特点是商业都会的大量兴起。汉时具有全国规模的大商业都会除京都长安外，还有洛阳、邯郸、临淄、宛（今河南南阳）、成都，号称"五都"，其地位类似现在的直辖市。长安不但规模宏大，而且人口众多，贵族、官僚、富商麇集于此，是全国政治、经济、文化中心。可惜，西汉城市的繁荣并未能持续下去。到东汉时，这种繁荣的景象即随着商品经济的衰落而悄然消失了。当然，这里所说东汉城市的衰落主要指城市工商业状况而言。西汉中后期，随着汉统治者实行严厉的抑商政策，富商大贾开始把主要资产转向土地，由此出现大规模的田庄经济，其规模庞大，经营种类繁多，可闭门为市。这一经济结构的变化，使西汉时繁盛的商业活动开始以田庄为中心而展开。此时，东汉时大规模的商业贸易和巨商大贾已不多见，城市的商业贸易活动也随之日趋衰落。但作为政治统治的中心，东汉城市仍卓然而立，特别是都城洛阳，仍旧是十分繁荣的。

魏晋南北朝时期城市与城市经济的发展

东汉末年，群雄逐鹿，天下大乱，一些繁华的城市如洛阳、长安等遭受战火洗劫，城市经济遭到严重破坏。曹魏时期，随着中原地区社会经济的恢复，几乎被彻底毁掉的洛阳又恢复了生机，重新成为北方的政治和经济中心。此时的益州由于汉末受破坏较少，城市商业活动比中原活跃，出现了一批"拥资巨万"的富商大贾。孙吴的都城建业（今南京）的商业活动也很兴盛，先后设立了大市、东市和北市，置司市中郎将等官员进行管理。西晋统一后，城市经济进一步繁荣，洛阳设有大市、牛马市、阳市三个市，已有了初步专业化的倾向。

十六国时期，战祸连绵，政权更迭，使开始复苏的北方商业再次全面衰退。一度繁荣的城市经济遭受的破坏最为严重，如洛阳被抢掠一空后又遭纵火焚烧，魏晋时期的多年经营，皆化为灰烬。在此期间，北方城市除有短暂的恢复外，基本上在连年不息的战乱中处于残破状态。东晋南朝时期，由于江南战乱相对较少，城市经济有了一定的发展。像建康（今江苏南京，原东吴建业）除吴时的三个市外，又加了一个斗场市，同时在秦淮河岸边新设了不少市。各地官府所设市场置有市令、市长、市丞等市官进行管理，以整顿市场秩序和征收市税。在较大的城市中每天开市，中午交易最盛，建康等处的市，到黄昏时还人来人往，络绎不绝。

北魏孝文帝迁都洛阳后，参考南朝建康及一些北方城市的设计，重新规划了城市布局。在西晋时洛阳三个市的基础上增加了四通市，在大市周围设有十个里坊，都居住着商人，以便就近经营。北魏分裂后，繁华的洛阳再次成为废墟，但邺城（今河北临漳县西南一带）、长安等城市的商业活动仍在继续发展，并取代洛阳成为北方的商业中心。

隋唐时期城市与城市经济的进展

隋唐时期，随着全国的统一和社会经济的发展，城市商业经济再次繁荣。

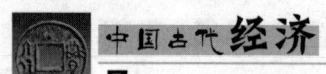

长安与洛阳既是当时的政治中心，又是最为繁盛的国际性商业都会。

在长安，隋有都会、利人两市，至唐时改称东、西市，各占两坊之地，东西南北各六百步，四面各开一门，"定四面街各广百步"。两市各设东市局、西市局进行直接管理，分属万年、长安两县管辖。此外，长安城还曾设过中市、南市、北市等。

在洛阳，隋设三市，分称丰都、大同、通远，后来唐又增设了北市和西市。商业贸易十分繁荣，史称当时市内"郡国舟船，舳舻万计""重楼延阁，牙相临映，招致商旅，珍奇山积"。

在各州治所设置的州市中，扬州、广州、成都、江陵、洪州、楚州（今江苏淮安）、汴州等都是商业发达的经济性城市，成为中外商客聚集之所。在这些城市中，有不少还分别置市，如成都有东、西、南、北四市，反映了蜀地商品贸易活动的活跃程度并不在两京之下。县治一般也都设市，有的大县还不止一个市。京市和州县治市由国家设官管理。

隋唐时期与秦汉一样，对商人的管理十分严格。首先，他们仍须另立市籍。隋代市籍只记市内的坐贾而不包括行商；唐代除此之外还严格规定不许其家按一般乡里百姓那样在乡里占田，在狭乡更无权占田。著市籍者要被差以远役，逃避者依律令治罪。其次，实行严格的坊市门禁制度。将民居与市场都划为方形的坊，并用墙垣围起来，四面设门，定时启闭。到唐后期，随着商品经济的发展，这种坊市门禁制渐被破坏。

知识链接

邸店的发展

隋唐城市经济与贸易的发展使邸店的作用日益重要。邸起源于西汉诸郡国设于长安的入朝寄宿之所，后发展为汉魏之际的粮仓、商贾储藏货物的机构。隋唐时，邸、店往往连称，《唐律疏议》卷四解释道："邸店者，居物之处为邸，沽卖之处为店。"也就是说，邸店除堆放货物、供给客商住宿外还从

第二章 古代传统经济的形成与发展

事居间性的商业贸易，从中抽取佣金。这种邸店又称为"行栈""行店""牙行"。邸店经营在唐宋时十分兴盛，史籍中屡见的"居停主人"，就是经营邸店的人。邸店贸易的兴旺与往来行商的转运密切相关。行商在转运商品途中或商品未出售之前交由邸店保管，邸店由此也卷入了商品买卖。邸店因为包括兼营储货、交易介绍以及停顿旅客，赢利颇厚，所以很多官吏甚至唐政府也参与经营邸店。史载扬州有"王公百官及天下长吏"所置"邸肆"，诸道节度观察使也"多以军储货贩，列置邸肆，名托军用，实私其利息"。唐玄宗时曾一度下诏禁止清资官"置客舍、邸店、车坊"，但屡禁不止。直至五代十国，官僚阶层经营邸店、从事贸易的仍然很多。

　　隋唐时期的城市商业十分发达，以致中唐以后原有的坊市格局已难以维持，限制时间和地点进行贸易的规定，也逐渐失去效力。早在唐中宗时，两京诸市已在正铺外更造偏铺以适应需要，坊内也不断出现店肆。如长安胜业坊出现卖蒸饼的店家，宣平坊内有卖油的油坊等，说明坊市混杂已日趋严重，至五代十国更有增无减。中唐以后，交易不再局限于日中而逐渐出现了夜市，这是市制的又一变化，从而打破了妨碍商品经济发展的又一桎梏。史载夜市人众拥挤，灯火不绝，实为都市的一大景观。

　　由于商业的发展，经营分工的变细，需要进行组织和管理，于是行会逐渐形成。唐代的商业行会多是同行商人的组织，商品经营者为了经营和管理的方便，将同类商品集中在一起销售，由此形成了行会。据史料记载，唐代城市中行业种类很多，长安东、西市各有220行，洛阳有120行，其中许多是商行。行会的产生，表现了城市工商业人口的增加以及工商业在城市经济中比例的增加。商人阶层的日益发展和活跃，也标志着商业的日趋繁荣。

唐中宗

两宋时期城市经济的繁荣

两宋时期,由于较长时间的安定环境和社会经济的发展,宋代城市的规模和繁荣程度都超过了前代。据官方统计,崇宁元年(1102年)在籍人口超过20万的州府约有60个,这当中约半数州府的城市常住人口超过10万。北宋开封和南宋临安的实际居住人口都超过了100万。众多的城市人口造成了对商品的巨大需求。据记载,北宋时开封每天需食用猪数万头,南宋时临安则每日售出米2000余石。宋代废除了官府设置的市,商业活动可以在除禁区以外的任何地点进行,于是便较多地集中到街道上,形成了繁华热闹的商业街或商业区。一种是有固定门面的店铺多是富商大贾的聚集地,所做的是大宗买卖。另一种则是由临时摊贩做的小本买卖。这时商业活动的时间限制也被取消,在唐后期夜市的基础上又出现了早市、鬼市等。

知识链接

早、晚、夜市与鬼市

"早市",又名晓市,通常在拂晓三四点钟起,日出散市,冬日至迟不过上午九点钟。

"晚市",时间在下午三四点时起,黄昏散市。"夜市",则在掌灯后营业,至次日三更收市。

"鬼市"即夜间集市,至晓而散,又称"鬼市子"。"夜市"以售卖估衣为主,其他货物鱼目混珠,既有来路不正,也有珍奇物品,更有假货蒙人,所以人们又把夜市称为"鬼市"。北京城清朝末年"鬼市"极盛,一些皇室贵族的纨绔子弟,将家藏古玩珍宝偷出换钱,亦有一些鸡鸣狗盗之徒,把窃来之物趁天黑卖出,古玩行家经常捡漏买些便宜。

第二章　古代传统经济的形成与发展

在老北京的鬼市买卖双方都使用"行话"，暗中拉手、递手要价还价，唯恐被同行知道价码，把买卖给"搅黄"了。鬼市买卖双方要价还价的行话是："么、按、搜、臊、歪、料、俏、笨、脚、勺"，用这十个字音分别表示一至十。

老北京的鬼市

　　宋代城市工商业者、服务行业者按行业组成行、团、市等组织，并得到了官方的承认，以利用它们摊派行役或摊征免行钱。行团代官府采购和鉴定官方需要的物品，选差役工匠、医生及申报物价等。行团对行户的生产与经营一般不加干预，行户之间可以自由竞争和实行技术保密。

　　随着商品经济的发展和城市经济的繁荣，宋代开始兴起了镇、市及乡村集市贸易。

　　宋代镇的建制由唐代军镇发展演化而来。唐代的军镇以军事职能为主，因驻军靠近居民聚居处，容易发展工商业，所以，军镇的职能也随之逐渐变化发展。唐末五代军镇附近的工商税收一般由当地驻军代征。宋初为加强财政集权，将其收归朝廷，于是多数军镇便转化为以经济职能为主的新型之镇。宋代镇的长官为监镇，可是武将，也可以是文官，其职能一是负责地方治安，二是负责征收税课。南宋时，文官监镇还可处理较小的民事诉讼案，说明这些镇已具备了作为一个完整行政单位所应具有的主要条件。宋代的镇只有少部分由军镇转化而来，大部分是由前代草市、墟市、港口、手工业品产地等发展而成，即多数镇的形成和发展都与工商业发展密切相关。如地处交通要道的江陵府沙市镇（今湖北沙市），处在海港与关隘处的密州的板桥镇（今山东胶县）。位于大城市周边的镇则更多，如北宋都城开封属县中就有31个镇，

33

南宋都城临安属县也有 11 个镇。其他还有位处矿产品及其他手工业产地的镇，如河北邢州綦村镇（今河北沙河西北）、江西饶州的景德镇、福建建州的麻沙镇（今福建建阳西麻沙）等。宋代镇及其工商业的发展不仅促进了当时整个商品经济的发展，而且对以后的社会经济发展也产生了深远的影响。这种镇与传统的城市有明显不同，它们不是封建统治的政治中心，因而工商业能够得以较充分的发展。

兴盛一时的元代城市经济

元代蒙古统治者虽是"马上得天下"，但要缓和社会矛盾、发展生产和巩固政权，显然就不能"马上治天下"。所以，谙熟中原王朝长治久安之术的元世祖忽必烈即位后，即采取了一系列较为开明的措施：政治上，重用一些汉族知识分子中的有识之士，如刘秉忠、许衡、姚枢等，辅佐其建立各种具体制度，以充实政权。经济上，重视恢复和发展农业生产，如招集逃亡人员，鼓励开荒，军民屯田；禁止占民田为牧地，限制抑良为奴；编辑《农桑辑

古代运河

要》，推广先进生产技术；赈济灾民，兴修水利等。此外，还十分重视手工业的发展，沟通了南北大运河，实行统一货币政策和重农不抑商政策等。忽必烈的上述措施，直接的结果就是使饱尝战乱的元初社会政治迅速趋于稳定，随之而来的是经济的快速恢复和发展，出现了所谓"自世祖混一之后，天下治者只七十年"的局面（叶子奇《草木子》）。虽然元代整体经济发展水平并不突出，但以大都为首的城市经济却在其中光芒四射，令人瞩目。

号称"人烟百万"的大都，不仅是全国的政治中心，也是全国的文化和经济中心之一。马可·波罗说："大都城人口众多……世界没有其他城市能和它相比……各种各样的输入物品数量之多，有如川流不息的江水。就拿生丝一项，每日入城者计有千车。用这些丝制作不少金锦绸绢，及其他数种物品……大都周围，有二百个城市，距离远近不等。每城都有商人来这里买卖货物，因此大都就成为商业繁盛的城市"（《马可·波罗行记》）。马可·波罗所记完全符合当时的实际情况。来自欧洲、中亚、非洲沿海、南亚、日本、朝鲜的使团和商队确是络绎不绝。国内商人到大都的更多，通过海运和运河到大都的货物确是不计其数。大都城市有米市、铁市、皮毛市、马牛市、珠子市、沙剌（珊瑚）市等，商品相当丰富。大都"民物繁伙，若非商旅懋迁，无以为日月之资"（《元典章》）。至于来自全国各地的宝玩贡品更是异彩夺目。管理大都商业市场的机构是大都宣课提举司，各市分设提领或大使。元代中期大都商税为十万三千余锭，仅次于江浙、河南行省，其余各行省的税收总数，尚不及大都一市。大都凭借特殊的地理位置和畅达四方的水陆交通，不仅沟通南北两大经济区，而且，往北连结上都、和林等地，往东北经辽阳与松辽平原连成一片，并进而联结欧亚，"东至于海，西逾于昆仑，南极交广，北抵穷发，舟车所通，宝货毕来"（程钜夫《雪楼集》），是名副其实的国际性大都市。

南宋旧都杭州，到元朝时仍然是全国有名的大都会。当时"城宽地阔，人烟稠集""五方之民所聚，货物之所出，工巧之所萃，征输之所入，实他郡所不及"（《元典章》）。马可·波罗说"它是世界上最富丽名贵之城"，城中有大市十所，沿街小市无数。

上都，作为陪都，驻夏时节，大批随臣、诸王、贵族及其麾下军队等的到来，伴之而来的是各种需要，自粮食而布料，以及各种奇异之物，都是自远方运来的。宫廷各方面的需求，官吏能够保障提供，完全是由于商人们的协助才做到的。上都外城大西关设有马市，还有牛市、羊市，是北方牲畜、皮毛等畜产品及其加工产品的交换贸易重地。每年春天，大批商贩蜂拥而来，以各"奇货"换取本地土特产品。元代诗人形象地描绘了市场繁忙景象，"老翁携鼠街头卖，碧眼黄须骑象来"，反映了商贾云集上都的繁荣景象。元中期，上都商税收入已逾12000余锭，比岭北行省高出30倍。由此可见，上都已成当时沟通东西南北且具相当规模的草原大都会。

广州的繁华则被时人赞为"广南富庶天下闻，四时风气长如春……闽姬越女颜如花，蛮歌野语声咿哑，苛峨大舶映云日，贡客千家万户室，春风列屋艳神仙，夜月满江闻管弦"（孙贲《广州歌》）。

泉州则是"七闽之都会也。番货远物，异宝珍玩之渊数，殊方别域，富商巨贾之窟宅，号为天下最"（《永乐大典》），是国内和当时世界最大的贸易港口城市。

元代扬州物产丰富，工商业发展，"为南北之要冲，达官显人往来无虚日，富商大贾居积货财之渊薮"（危素《说学斋集》）。

根据记载，元代有建制的市共126个，除上述城市外，包括一些有悠久历史的工商业城市，如北方和中原地区的涿州、太原、平阳、奉阳（今陕西西安）、开封，西南的成都，两湖的江陵、潭州，南方的集庆、镇江等，都有发展。运河的通航使沿河出现了许多繁华的城镇，如淮安、济宁、东昌、临清、长芦、直沽等。

明代城市的发展

明代的城市经济比之前代有着更大的发展，这种发展，是和生产力在封建制度下的进一步发展有着密切关系的。明初朱明皇朝所施行的一系列的恢复及发展生产的措施，使当时的经济在宋元以来原有的水平上不断地向前发展。从城市的规模来看，在15世纪初叶，包括南京、北京在内，全国共有三十多个较大的城市，这些城市的发展都与商品经济的发达密不可分。

经过明前期社会经济的恢复和发展，明代的城市也呈现出一种繁荣的景象。南、北二京是政治中心，同时有着发达的商业。南京在开国之初独擅繁华，后来退居陪都地位，依然是"五方辐辏，万国灌输"，为"南北商贾争赴"之地。它既是消费城市，又是工商城市。明代中后期，南京的丝织、印书、工艺品等都达到相当规模，市内的工商店肆甚至挤占了官道衢路边旁之地。明成祖迁都，奠定了北京城恢复发展的基础，中叶以后发展更快。张瀚说："四方之货不产于燕而毕聚于燕。"传教士利玛窦也有相同的印象："北京什么也不生产，但什么也不缺少。"所谓"远方异域之人不避间关险阻，而鳞次辐辏，以故蓄积为天下饶"。北京城带有明显的政治消费城市的特点。

苏州与杭州则属于另外一种经济型城市。苏州在明初与其他城市一样，一度"里邑萧然，生计鲜薄"，经过恢复，开始复苏，嘉靖之后则俨然"海内繁华，江南佳丽者"。苏州城周围四十余里，分东、西二区。西域为公署宦室和商贾所聚居，东城则是以丝织为主的工业区。这里"比屋皆工织作"，构成一个商品生产的新天地。除丝织之外，各种器具及手工艺品也相当发达，如席、麻手巾、藤枕、蜡牌、竹器、玉器、金银器等。苏州的商业区在西城，阊门、金门、胥门一带为繁华闹市，那里"货物店肆充溢"，故时人谚曰："天下财货莫不聚于苏州，苏州财货莫不聚于阊门。"利玛窦更将它比作东方的威尼斯。其商业区辐射至城郊外十里，由此可以看出整个苏州城商品交换的根基与规模。

杭州在元末曾遭受严重破坏，直到万历年间（1573—1620）才开始依稀有旧日都城的繁华，"内外衢巷绵亘数十里""民荫繁庶，物产浩穰"。据估计，城市居民有数十万家。杭州是仅次于苏州的丝织名城，城东、城北"皆织绫绵为业"，其丝织品数量多而品种优，为中外客商所远道争购。其他如棉织业、造船业、酿造业、印书业等也相当发达，其布席及金银工艺等制品在日本颇享盛誉。由于有西湖等天下名景，杭州的游览业又为全国之冠。

除此之外，明代的繁华城市还有临清、淮安、扬州、镇江等运河城市，九江、芜湖、沙市等长江城市，各布政司省会城市，宣府、大同、宁夏等沿边城市，广州、泉州、温州等海港城市，景德镇、佛山镇、松江等手工业城市等。

明代中后期除了城市呈现繁荣景象外，江南小工商市镇也开始勃兴。两宋时期，中国的市镇开始兴起，可惜在元代社会经济尤其是工商业经济遭到很大破坏，城镇几乎没什么进展。明朝立国后，市镇经济的复苏经历了相当长的时间。成化时期（1465—1487），随着江南经济的发展，在交通便利的地方，镇市逐渐兴起。其中，一少部分是宋元旧有市镇的复苏与扩张，而大多数是新产生的。到万历年间以后，其市镇总数不下 200 个，其中规模大、功能全的镇至少有 160 个。在江南地区，一般在每个市镇的周围，都有密集的从事小商品生产的村坊和初级集市环绕，这些市镇作为商品集散之地，又与本府州和临近府州的治所所在地的中心城市互相沟通联结，形成一个以水路舟行为基本交通脉络的网状结构。当然，这些市镇也不只是单一生产经营某一种商品，而是以一业为主，多业并举。市镇经济的繁荣，是当时商品经济繁荣的主要表现。

清代工商业市镇的发达

清代工商业市镇的发展超过以往任何时期，不同层次的工商业市镇在全国蓬勃兴起，出现了影响全国、号称"天下四镇"的广东佛山镇、湖北汉口镇、江西景德镇、河南朱仙镇。在省区范围内亦有影响全省的名镇，像山东的周村、四川的巴县、山西的运粮城等。这些镇都不是省内的政治中心，而是商业经济有影响的市镇。在一个州县内亦有影响全县的名镇，如直隶滦州境内有四大名镇：倴城镇、开平镇、榛子镇、稻地镇。这些不同层次的市镇的兴起，活跃了全国的经济。综而观之，清代的市镇有两大基本类型：手工业市镇和商业型市镇，其中又以商业型市镇为主。

1. 手工业市镇

所谓手工业市镇，系因手工业发展而形成的市镇，这类市镇中的商业也是因手工业的发展而发展起来的。大型的手工业市镇有江西景德镇、广东佛山镇。景德镇是全国瓷器生产中心，不仅有民窑二三百区，工匠人夫数十万，而且商业发达，商贩毕集，在贩运瓷器之外，还开设店铺，为瓷窑从业人员

景德镇

第二章　古代传统经济的形成与发展

提供生活必需品。广东佛山镇，明代因冶铁业的发展而成市镇，清代形成有特色的两大铁业。一是铸镬业，以铸造精美的铁锅闻名于世，并兼制钟鼎和兵器。佛山又是清政府指定的兵器制造地，政府每年拨大量军饷令其制造，刺激了佛山铸镬业的膨胀，使之成为佛山最大的手工业。二是铁线制造业，用熟铁抽制各种型号的铁线，供应全国，系国内独一无二的产品。此外，铁钉、铁针的制造也闻名全国。其他如造船业、拆船业、包装箱制造业、丝织业、制鞋业也很发达。手工业人口的会聚，促进了商业的发展，米业、烟业、布业等商铺相连。到雍正年间，佛山镇已成为"绵延十余里，烟户十余万"的大镇。

完全由民营发展起来的手工业市镇，规模都不大。从各地出现的铁业市镇和窑业市镇的实际情况来看也是如此。清代的专业手工业市镇主要存在于制铁业和制陶业。因为这类手工业的原料不是农产品，它同农业生产相分离，同农民的家庭农业相分离的条件比较充分，而且其生产稳定，容易持续发展而成市镇。

2. 商业型市镇

商业型市镇是因商业发展而形成的市镇。清代的商业型市镇有三种类型：

（1）产地市场型市镇。这是小商品生产密集化的产物，是在家庭手工业生产的密集区形成的商品收购中心。江南棉织品产区和丝织品产区是产地市场型市镇的密集区。据刘石吉《明清江南市镇研究》：松江、太仓、常州、苏州、杭州一带的17个州县中有三林塘、朱泾镇等52个棉织品产地市镇；杭州、湖州、嘉兴、镇江、太仓等府州的12个州县中有东衖市、唐栖镇等25个丝织品产地市镇。从这些市镇的结构来看，称为"镇"者，都是"市"与"村"的结合，市为售布之行，村为织纺之区。

（2）集散市场型市镇。由于长途贩运的发展，在商业交通的重要环节点都形成了以集散商品为职能的市镇。沿海的港口城市、沿江的和运河沿岸的城市等都是重要的的商品集散地。清代，由于商业交通网向纵深发展，向边疆延伸，商品集散性市镇随之大量涌现。从纵深方向看，商品集散性市镇发展到各水系的最上游及其他商业通道的交汇点。如海河上游的新河县镇、深州的小范镇、郧阳的府治城、像川东的巴县（重庆）、沅江上游的来凤县与秀山县、鄱阳湖水系的四大名镇——景德镇、河口镇、樟树镇、吴城镇等，都

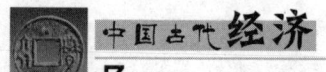

是重要的商品集散地。

（3）零售市场型市镇。这是以"人聚"为特点的市镇，是集墟的扩大。一般都是在集墟的基础上发展起来的全县或数乡间的中心市场，并同外界有商业联系，商品来自外地。如直隶滦州有四大市镇，均不在治城。从全国来看，这类市镇东部密于西部，南部密于北部，主要是由人口和聚落的密度决定的。

从这三种市镇的特点来看，产地市场型"聚"的是产品和商人，集散型"聚"的是流通中的商品，零售市场型"聚"的是商品和消费者，三种市镇之间有密切的联系，构成互相关联的商品流通体系，缺一不可。清代工商业市镇以商业市镇为主的特点：一方面反映了清代的商品经济是以农村商品经济为主的特点，与农业相分离的手工业并不发达；另一方面也反映了清代商业发展的水平，各类工商业市镇的兴起，形成了区域性商业中心，商业正向城市化发展。

第三节
资本主义的萌芽与传统经济的终结

资本主义萌芽指的是资本主义生产方式稀疏地散现在封建社会经济结构中。它是在封建社会后期，社会经济的发展达到一定条件时出现的，这个条件主要是生产力的发展、要素市场的完善及商品市场的扩大。一般认为，不考虑明代以前有关资本主义关系的一些偶发的、先现的记载，中国资本主义萌芽比较明显地出现是在明代中叶以后，主要集中在江南地区某些手工业行业中。农业中的资本主义萌芽的出现在时间上要晚一些。

在一定意义上说，传统经济的发展是资本主义萌芽出现的前提，没有封建经济中生产力水平的提高及商品经济的发展，新的生产关系的因素也就不可能出现。但是资本主义萌芽的进一步发展又为传统经济所不容。新旧两种

第二章 古代传统经济的形成与发展

力量的较量、斗争是难免的。一方面，新的资本主义因素不断侵蚀、瓦解传统经济结构，另一方面，传统经济会从各个方面阻遏资本主义萌芽的发展。

中国资本主义的萌芽与发展

我国学者对中国资本主义萌芽产生的时间看法不一。有人认为它出现于北宋，也有人上溯至唐，以至更早。多数学者是把它作为中国资本主义生产关系的发生过程，或其起点，认为它产生于明中叶，到清中叶有了发展。

明中叶，在苏州、杭州的丝织业，广东佛山的冶铁、锻铁业中，已见多少带有资本主义性质的手工作坊。到清中叶，继续出现资本主义萌芽的有：江南一些地区的丝织业，陕西南部的冶铁、锻铁和木材采伐业，云南的铜矿业，山东博山和北京西部的煤矿业，四川的井盐业，山西河东的池盐业，江西景德镇和广东石湾的制瓷业，一些地方的制茶、制烟、蔗糖、榨油等农产品加工业，一些地方的染坊、踹坊、纸坊和木版印刷业，上海的沙船运输业等，共涉及约20个行业。

手工业中资本主义萌芽的主要形式是工场手工业。最具规模的是四川的井盐业。该业在宋代卓筒井基础上，改革凿井、造井、汲卤技术，创造管道运输系统，利用天然气作能源，达到传统手工业可能有的技术水平。一套井灶约雇有固定工人100人。富荣盐场的王三畏堂有固定工1200余人，李四友堂三大灶有固定工500余人，大约是当时最大的工场手工业了。云南铜矿虽规模颇大，但采硐尖分包制度，在一个资本指挥下的工人并不多。煤窑亦然。其他矿多露天挖掘，史料常记百千以至万人，大约多是商人资本支配下的个体生产者或农民，非工资劳动者。若冶铁业，一个大炉所需固定工不过50人。制造业的工场手工业一般规模不大，多者不过二三十人。又史料所记常将业主及家属劳动包括在内，故不足10人者尚难确定其资本主义性质。萌芽中的工场手工业，场内分工不发达。有的工序虽多，但常一人兼作。有的则场外分工甚细，各户互相协作，工场手工业内部却没有什么分工。

农业中的资本主义萌芽，有富裕农民或富裕佃农雇工经营商品性生产、地主雇工经营商品性生产和商人租地经营农业三种形式，其中以佃农雇工经营的事例较多。雇工（折合长工）一般只三四人，多的达10人左右。地主有雇工数十人者，但其中多系供贵族大家庭消费用的庄田，非商品性生产。

由于中国封建社会的小农经济体系本身缺乏促进资本主义生产关系发展

41

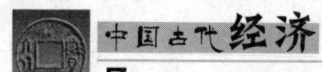

的必要条件,因此中国资本主义萌芽发展十分缓慢,自然经济仍占主导地位,一直持续到鸦片战争前夕。

鸦片战争前中国的资本主义萌芽还很微弱。但在长期发展中它毕竟已建立了一种新的资本与雇佣劳动的制度。以致战后外国资本侵入中国时,它所面临的不是像它在某些殖民地所遇到的那样一块"反抗资本迁入"的处女地,而是可以找到现成的雇用劳动者包括技艺高超的熟练工人和女工,以及相应的市场。事实上,第一家外资工厂就是在原来中国的工场手工业的基础上建立的。第一家洋务派的军工厂也是这样。民族资本工厂中,从工场手工业发展起来的就更多,在矿业中尤其多。

原来作为中国资本主义萌芽主要形式的工场手工业,在鸦片战争后发展日益迅速,到20世纪初期,所有重要手工行业,包括棉纺织业,都已有了工场手工业户。工场手工业的产值大约占工农业总产值的5%。包买商形式也是在战后有较大发展。农业中,经营地主是在战后才见显著,而富农增长更快,已形成一个阶层。不过,这时中国已进入半殖民地半封建社会,这些已不再称为资本主义萌芽了。但历史是不能割断的,它们在鸦片战争后的发展,仍是萌芽的继承。

中国传统经济的终结

中国古代传统的经济结构及制度早就发挥出了其最大潜能,其允许生产力发展的空间明清以来日渐缩小。尽管总体经济规模在不断扩大,商品经济也进一步发展,但没有制度创新,缺乏新的生产组织及生产力因素,基本上是一种无效率的增长。在遭到西方资本主义入侵后,传统经济结构及制度的命运就已注定了。但是它既能长时期地遏制了本国资本主义的发展,对外来资本主义的生产方式及制度也有很强的抵抗力。鸦片战争以后,新旧制度的碰撞、外国侵略势力与中华民族利益的冲突使中国的各种经济关系和社会关系更加复杂,也使中国变得更加落后,社会形态畸形化为半殖民地半封建社会。这种状况注定只有通过一次彻底的社会革命才能解决问题。事实上,中国传统经济结构及制度正是在经过了社会主义革命及取向于市场经济的改革后,才发生了根本性的转变。

中国曾是一个先进的文明体系,影响遍于亚洲,远达欧洲和非洲,但自北宋以后,由于经济结构和制度安排日趋僵化,中国文明发展的脚步渐渐停

第二章 古代传统经济的形成与发展

顿下来；相反，西方社会从这时起开始发生变化，通过制度创新，到15世纪走上一条快速发展之路。世界文明格局在此消彼长中改变，中国文化衰落了，西方近代文明成长壮大起来，这一文明体系的核心是巨大的经济成就，而取得这一成就的保证条件就是市场经济制度。

在这个过程中，许多先进的中国人曾清醒地意识到中国的落后，并主张通过变革旧制度学习西方先进的技术和制度达到富强。例如，康有为说："今地球既辟，轮路四通，外侮交侵，闭关未得，则万国所学，皆宜讲求。"孙中山认为，人能尽其才，地能尽其利，物能尽其用，货能畅其流，是欧洲富强的根本原因，中国要富强就要引进外国的资金、人才及经营管理经验。这些见解难能可贵，但无一例外，都没能变成救亡图存的实际措施。封建政权的性质决定了它不会自愿更换自己存在的基础，在外来压力下，可能做些局部的改良，也不会产生实质有效的结果。中国社会在畸变为半殖民地半封建社会的过程中，前期外国资本主要是对中国进行商品输出和战争掠夺，后期主要是进行资本输出。尽管规模越来越大，但并未从根本上动摇中国传统的经济结构，即使对中国传统手工业的破坏也是有限的。据吴承明等人考察，中国32个传统的手工行业，鸦片战争后衰落的只有7个。至于对中国传统农业的冲击就更为有限。鉴于侵入和瓦解这个经济结构极其困难，外国资本转而利用中国这一传统经济结构进行寄生性剥削，勾结中国的封建官僚，培植买办，利用原有的商业高利贷网盘剥中国的农民和手工业者。中国的民间资本虽然受到外来刺激有所发展，但它一方面与封建经济有天然的纽带关系，另一方面为了生存和发展又不得不依附于外国资本和官僚资本，因此始终没能形成一支独立的力量，无力去冲击和变革传统经济结构及制度。鸦片战争后逐步发展起来的国家垄断资本与其说是封建经济的对立物，不

孙中山

43

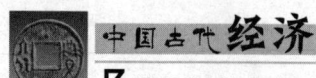

如说是维护封建统治的物质基础。

鸦片战争阻断了中国传统经济的自然延续过程，按理说也应成为中国制度变革的重要转折点，但是由于以上原因，中国制度变革的进程变得异常曲折艰难，传统经济的命运并未因外国资本的冲击和有识之士的改革呼声而完结，中国甚至变得更加落后了。洋务运动不伦不类，戊戌变法以失败告终，辛亥革命虽推翻了帝制，却不能解决发展的问题，直到新民主主义革命才真正弄清了中国社会问题的实质，通过剥夺旧所有者，建立并保护新的产权关系，来激发无产权或只有少量不稳定产权的一般民众的革命热情，从而赢得一场彻底的政治上的革命的成功。有了这样一个前提条件，终于在20世纪70年代末成功地开始了以市经济制度为政策取向的变革，从而终结了几千年的中国传统经济。

第三章

古代农业经济

中国是世界上农业发达的国家之一,自远古时代起,农业就开始在中国的经济中占据主导地位。农耕经济作为最基本的经济形式,支撑着中国古代的社会生产和社会生活。中国古代的一切文明成就,都建立在农业经济发展的基础之上。

第一节
农业的起源与发展

中国农业的起源

我国数以千计的新石器时代遗址，绝大多数呈现以种植业为主的综合经济面貌，其中以被称作中华民族文化摇篮的黄河、长江流域遗址最为典型。只有部分遗址中狩猎或捕捞长期占着重要或主要的地位，但能确定为以畜牧业为主的遗址却绝无仅有，并且其出现的时间较晚。综观我国的原始农业遗址，种植业和畜牧业是从采猎经济中直接产生的。在原始农业所包含的种植业、畜牧业和采猎业三种经济成分的变动中，总的趋势是农牧业的比重由小到大，采猎业的比重由大到小。另外，农牧业的比重虽然都在上升，但种植业在相当一段时间内上升速度要比畜牧业快得多。当种植业已成为主要生产部门时，畜牧业在生产结构中的地位却依旧处于采猎业之后。而后，随着农业生产的继续发展，畜牧业的地位才逐步上升，以致超过了采猎业。由此可见，在整个原始农业经济的发展中，畜牧业是新生的、发展中的经济成分，其发展在一定程度上依赖于种植业；而采猎业则是历史上遗留下来的、走向衰落的经济成分。

在我国的古代传说中，有"构木为巢，以避群害""昼拾橡栗，夜栖树上"的"有巢氏"，有"钻燧取火，以化腥臊""教民以渔"的"燧人氏"，有"作结绳以为网罟，以佃以渔"和"教民以猎"的"包牺氏"。包牺氏以后出现了"神农氏"，据传是神农氏发明了农业。据有关文献资料的记载，在神农氏之前，人们吃的是"行虫走兽、木实蠃蚄（螺蚌）"。但随着人口的逐渐增加，食物的供给渐渐显得不足，人们迫切需要开辟新的食物来源。为此，神农氏备历艰辛，终于选择出可供人类食用的谷物。接着又观察天时、地利，

第三章 古代农业经济

创制斧斤、耒耜，教导人民种植谷物，农业就这样产生了。神农氏不仅发明了农业，而且还发明了医药。除此之外，在神农氏时代，人们还懂得了制陶和纺织。所谓有巢氏、燧人氏和包牺氏，代表了我国原始时代采猎经济由低级向高级依次发展的几个阶段，神农氏则是我国原始农业发生和确立的整个时代的反映。从有关传说可以清晰地看到，我们的祖先是在采猎经济的发展中为了开辟新的食物来源而发明农业的。

从现在世界上尚存的一些尚处于原始农业时代的民族的情况看，农业发生之初一般要先经历"刀耕农业"的阶段。这时人们选择山林为耕地，

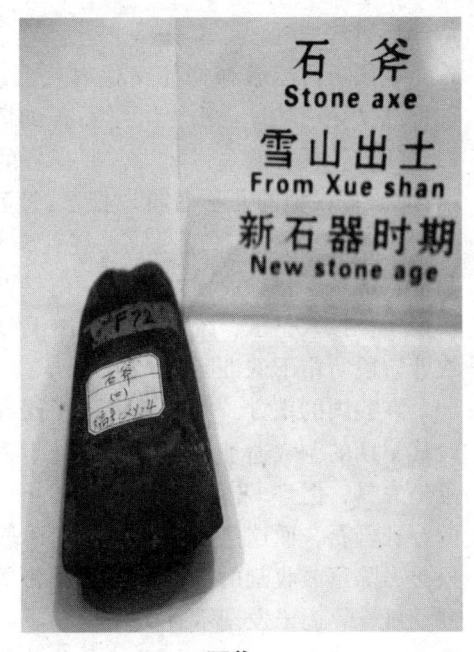

石斧

把树木砍倒晒干后烧掉，不经翻土而直接播种。这种耕地只种一年就要抛荒，因而要年年另觅新地依法砍烧，这叫"生荒耕作制"。这一时期的农具，只有砍伐林木用的刀斧和挖坑点种用的尖头木棒，锄犁等翻土工具还没有出现。如清朝末年滇西北的"俅人"（独龙族），"虽间有俅牛，并不用之耕田，唯供口腹。农器亦无锄犁，所种之地，唯以刀伐木，纵火焚烧，用竹锥地成眼，点种苞谷"。与生荒耕作制相对应，人们过着迁移不定的生活。这种情形也与当时的生产结构有关，因为当时种植业产生不久，尚未能在整个经济中占据主导地位，人们的生活资料来源，在很大程度上还主要依赖于采猎。

随着原始农业的继续发展，人们逐渐制造了锄、铲一类翻土工具，懂得播种前先把土壤翻松。这样，一块林地砍烧后就可以种植若干年再行抛荒，这叫"熟荒耕作制"。这时农业技术的重点已由林木砍烧转移到土地加工上来。与此相对应，人们也由迁移不定的状态过渡到相对稳定的状态，这时的人们开始进入"锄耕农业"阶段。在这一阶段，种植业已成为主要生产部门，畜牧业也有相应发展，而采猎业则逐渐变成辅助性的生产活动。处于刀耕农业阶段的民族一般还不懂得制陶；而处于锄耕农业阶段的民族，大多已能生产陶器。可见陶器是定居农业的产物，是原始农业出现与否及其发展程度高

47

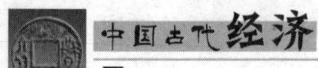

低的标志之一。

我国黄河流域在仰韶文化时代已进入熟荒耕作制阶段，但从仰韶文化、前仰韶文化诸遗址仍出土大量石斧的情况来看，在这之前我国农业应经历了一个以砍伐林木清理耕地为首要任务的阶段。我国古史传说中有所谓的"烈山氏"，据说他的儿子名叫"柱"，能殖百谷百蔬，在夏以前被祀为农神——"稷"。所谓"烈山"就是放火烧荒，所谓"柱"就是挖坑点种的尖头木棒，它们代表了刀耕农业中两个相互衔接的主要作业，只不过这两种作业方式在传说中被拟人化了，统称为"烈山氏"。这也是我国远古时代确实经历过刀耕农业阶段所留下的证明。

在我国的南方，考古学家已经探寻到了一些刀耕农业的线索。如新石器时代早期的洞穴遗址，就很可能处于刀耕农业阶段。这些遗址没有出土大型翻土农具，但许多遗址都有磨光石斧和可以套在挖土棒上作为"重石"使用的穿孔砾石，而这些正是刀耕农业阶段的主要农具。有些遗址出土了可用于松土、除草或收割的穿孔蚌器和角锥等，这些则代表了翻土农具的萌芽。这些遗址迄今尚未发现禾谷类作物种子，但从当地自然条件和我国南方某些少数民族情形看，这里最初种植的作物可能是薯芋之类块根、块茎类作物，而它们是很难保存至今的。这些遗址拥有大量渔猎工具和采猎遗物，证明它们仍以采猎为主。有些遗址出现了陶器，则反映了这里的刀耕农业可能已向锄耕农业过渡了。后来在长江中游地区发现的新石器时代早期文化（包括彭头山文化、城背溪文化等），已有多处栽培稻遗存出土，农业工具中石斧多是锄、铲，打制石器逐渐让位于磨制石器，以采猎为主的经济逐渐让位于以种植业为主的经济，比较鲜明地反映了从刀耕农业向锄耕农业的过渡。

史实表明，我国农业起源可以追溯到距今一万年以前。

五谷的形成与发展

在农业发生之初，人们往往把多种作物混种在一起，进行栽培试验，故有"百谷百蔬"之称。然后，逐步淘汰了产量较低、品质较劣的作物，相对集中地种植若干种产量较高、质量较优的作物，于是形成了"五谷""九谷"等概念。我国先秦时代主要粮食作物是粟（亦称稷）、黍、大豆（古称菽）、小麦、大麦、水稻和大麻（古称麻），以后历朝的粮食种类和构成是在这一基础上发展变化的。

第三章 古代农业经济

粟、黍作为黄河流域及至全国最主要的粮食作物，一直持续到商周时期。它们是华夏族先民从当地的狗尾草和野生黍驯化而来的。粟、黍抗旱力强，生长期短，播种适期长，耐高温，对黄河流域春旱多风、夏热冬寒的自然条件有天然的适应性，它们被当地居民首先种植不是偶然的。上述特点黍更为突出，最适合作新开荒地的先锋作物，又是酿酒的好原料。在甲骨文和《诗经》中，黍、粟出现次数很多。《诗经·魏风·硕鼠》有"硕鼠硕鼠，无食我黍"之句。春秋战国后，生荒地减少，黍在粮食作物中的地位下降，但仍然是北部、西部地区居民的主要植物性粮食。粟，俗称谷子，脱了壳的叫小米。粟中黏的叫秫，可以酿酒。粱是粟中品质较好的，是贵族富豪食用的高级粮食。粟营养价值高，有坚硬外壳，防虫防潮，可储藏几十年而不坏。从原始农业时代中期起，粟就居于粮作的首位，在北方是最为大众化的粮食。粟的别名稷，用以称呼农神和农官，而"社（土地神）稷"则成为国家的代称。粟的这种地位一直保持至唐代。

在南方，人们的主粮是水稻，它是南方越族系先民最先从野生稻驯化而来的。原始社会晚期，水稻种植扩展到黄河、渭水南岸及稍北。相传大禹治水后，曾有组织地在卑湿地区推广种稻。

中国是世界公认的栽培大豆的起源地，现今世界各地栽培的大豆，都是直接或间接从我国引进的，这些国家对大豆的称呼，几乎都保留了我国大豆古名"菽"的语音。根据《诗经·小雅·小宛》等文献记载，我国中原地区原始社会晚期已种大豆。"中原有菽，庶民采之。"已知最早的栽培大豆遗存发现于吉林永吉县距今2500年的大海猛遗址。大豆含丰富的蛋白质、脂肪、维生素和矿物质，被誉为"植物肉"，对肉食较少的农区人民的健康有重大意义。

小麦和大麦是我国从西亚引进的作物。我国古代禾谷类作物都从禾旁，唯麦从来旁。小麦最早就叫"来"，因系引进，故甲骨文中的"来"字亦表示"行来"的意义，于是在"来"字下加足作为小麦名称，形成现在的"麦"字。小麦很可能是通过新疆河湟传入中原的。

五谷的出现

在新疆孔雀河畔的古墓沟遗址，发现了距今3800年的小麦遗存，近年甘肃民乐东灰山更出土了距今5000余年的麦作遗存。有关文献表明，西方羌族有种食麦的传统，周族在其先祖后稷时已种麦，可能出自羌人的传授。但小麦传进中原后却在东部地区发展较快。

中国华北是大麻的起源地，目前黄河流域已出土原始社会晚期的大麻籽和大麻布。"麻"字始见于金文。《诗经》等古籍中有不少关于"麻"的记载，《诗经·陈风·东门之池》就有"东门之池，可以沤麻。东门之池，可以沤纻"。的记载。并区分其雌雄植株：雌麻称苴，其子称蕡，可供食用，列于"五谷"；雄麻称枲，其表皮充当衣着原料。

在仰韶文化时代中国就已经开始种植蔬菜，甘肃秦安大地湾遗址出土了油菜（古称芸或芸苔）种籽，陕西西安半坡遗址出土了十字花科芸苔属蔬菜种籽，郑州大河村遗址出土了莲子，浙江河姆渡遗址则出土了葫芦籽。《诗经》记载的蔬菜种类不少，可确定为人工栽培的有韭、瓜（甜瓜）和瓠（葫芦）。稍后见于记载的有葵（冬苋菜）、笋（竹笋）、蒜和分别从北方和南方民族传入的葱和姜。

蔬菜和果树最初是被当作谷物的补充而存在的，因此它们最初或者和谷物混种在一起，或者种于大田疆畔、住宅周边。商周时代，逐渐出现了不同于大田的园圃。园圃的形成有两条途径：其一是从囿分化出来。上古时期，人们把一定范围的土地圈围起来，保护和繁殖其中的草木鸟兽，这就是囿，有点类似现在的自然保护区。在囿中的一定地段，可能种有某些蔬菜和果树。最初是为了保护草木鸟兽，而后逐渐发展为专门种植。其二是从大田中分化出来。如西周有些耕地春夏种蔬菜，秋收后修筑坚实作晒场。春秋时代形成独立的园圃业，这时园圃经营的内容与后世园艺业相仿，种蔬菜和果树，也往往种一些经济林木。

商周时期的种植业已经相当发达，开始以粮食生产为中心。甲骨文中有仓字和廪字，商人嗜酒成癖，周人认为这是他们亡国的重要原因，可见有相当数量剩余粮食可供其挥霍。《诗经》中有不少农业丰收的描述，贵族领主们在公田上收获的粮食堆积如山。不过，在当时木石农具与青铜农具并用的条件下，耕地的垦辟、种植业的发展毕竟有很大的局限性。当时的耕地主要集中在各自孤立的都邑的周围，稍远一点的地方就是荒野，可以充当牧场，所以畜牧业大有发展地盘。而未经垦辟的山林川泽还很多，从而形成这一时期特有的生产部门——虞衡。

农业生产全方位的发展

从战国到魏晋南北朝时期，我国的农业依旧是以谷物生产为中心。不过当时人们获取衣食等生活资料的手段实际上不只谷物生产一项，而是包括了农、林、牧、渔、副各项生产在内。与战国时期以前相比，该时期多种经营的内容发生了某些变化。《周礼》九职中属广义农业范畴的有三农、园圃、丝枲、薮牧、虞衡等。《管子》书中则往往五谷、六畜、桑麻并提，反映了它们是构成战国以后农业的三大支柱。采猎活动依然存在，但在大多数农区比重明显下降。到了汉代，虞衡已不是农业生产中的独立部门，而独立的林业和渔业则在虞衡中分化出来。在种植业方面，独立的大田经济作物已经出现，园圃业也有进一步的发展。农区中的每个经济单位，无论是地主或是农民，一般是既种粮又养畜，并视不同条件各有侧重地栽桑养蚕、种植麻类、染料、油料、蔬果、樵采捕捞，以致从事农副产品的加工。就是种植业也实行多作物、多品种的搭配。这时期的农业生产以自给生产为主，也包含了部分商品生产。

1. 园圃业的发展

战国时期之前，园圃业虽然已经和大田农业分离，但园圃业内部则依旧是园圃不分。秦汉时园和圃已各有其特定的生产内容。《说文》中有记载："种菜曰圃""园，所以树果也"。当时除了地主和农民作为副业的园圃外，还出现了大规模的专业性园艺生产。《史记·货殖列传》说："安邑（今山西夏县、运城一带）千树枣，燕、秦（今河北北部及陕西一带）千树栗，蜀、汉、江陵（今四川、陕西、湖北一带）千树橘；淮北、常山已南，河济之间千树萩；陈、夏千亩漆；齐、鲁千亩桑麻；渭川千亩竹；及名国万家之城，带郭千亩亩钟之田，若千亩卮茜，千亩姜韭：此其人皆与千户侯等。"《齐民要术》中也有瓜（甜瓜）、葵、芜菁等大规模商品生产的记载。

这个时期，栽培蔬菜的种类越来越多，并且有文献记载。据对《氾胜之书》《四民月令》和《南都赋》的统计，汉代的栽培蔬菜有21种。《齐民要术》所载栽培蔬菜增至35种。新的蔬菜中相当一部分是从少数民族地区引进的，如从西域引进胡瓜（黄瓜）、胡荽（香菜）、胡蒜（大蒜）、长豆角（豇豆）、豍豆（豌豆）和苜蓿等，从南方引进原产印度的茄子；一部分是从野菜演变而来的，如苦荬菜（苣）在先秦是采集对象，南北朝时已成栽培蔬菜"苣"了；一部分是从原已驯化的蔬菜中培育出来的新栽培种，如从"瓜"（甜瓜）中分化出越瓜（菜瓜），从芜菁中分化出菘（白菜）；一部分是从原粮食作物转变而来的，如芋是一种十分古老的块茎类粮食作物，可能原产于我国南方，明确的栽培记载始于《氾胜之书》，但《四民月令》《南都赋》和《齐民要术》等文献已把它列为园圃作物。禾本科作物菰（苽）曾是古代"六谷"之一，明确的栽培记载始见于西晋葛洪的《西京杂记》，唐人还有喜欢吃菰米（雕胡）饭的。菰被黑粉菌所寄生，则不能结实，但茎的基部畸形发展，可形成滋味鲜美、营养丰富的菌瘿，这就是茭白。国外虽然也有收集菰米为食的，但他们并不会利用和栽培茭白。茭白的最早记载可追溯到先秦，《尔雅·释草》称为"蘧蔬"，晋代已成为江东名菜，至今仍为人们所喜爱。这一时期黄河流域的蔬菜主要有葵、芜菁、甜瓜、葫芦等。其中，香辛调味类蔬菜占较大比重。随着人工陂塘的建设及其综合利用，水生蔬菜莼、藕、菱等的人工栽培有所发展，其栽培方法在《齐民要术》中首次被记载下来。

中国的华北地区、华南及其毗邻地区以及南欧是世界上三个最大的果树原产地，由此可见我国栽培果树种类的繁富。以华北为中心的果树原产种群，包括许多重要的温带落叶果树，如桃、杏、中国李、枣、栗（以上合称"五果"）、中国梨和柿等，它们的驯化者当系华夏族先民。原产于我国南方的则是一些常绿果树，如柑橘、橙、柚、荔枝、龙眼、枇杷、梅、杨梅、橄榄、香蕉等，它们是我国南方各族所驯化的。新疆也是著名的瓜果之乡，是柰（绵苹果）、胡桃、新疆梨等的原产地，盛产葡萄和哈密瓜。上面谈到原产华北的各种果树，除柹（柿）始见于《礼记·内则》外，其他在《夏小正》《诗经》等先秦文献中均有明确记载。除少数个别外，大多数产于华南和新疆的果树是在秦汉帝国建立后，随着各地区、各民族农业文化交流的进一步开展，才逐步为中原人所知，见于载籍，以至在中原种植或运销。在南方水果中，最早被引种中原并获得成功的水果是梅，《诗经·周南·摽有梅》中已有北方梅树的记载。"摽有梅，共实七兮。"柑橘很早就是百越族对中原王朝的贡品，《禹贡》谈到百越族活动的扬州"厥包橘柚锡贡"，东汉杨孚《异物志》也说："交趾有橘官，岁主贡御橘。"位于长江流域的"蜀、汉、江陵"是汉代重要柑橘产区。由于南方柑橘的发展和运销北方，汉代出现了"民间厌橘柚"的情况。汉代的交趾（今两广地区和越南北部）每年向中央政府贡献荔枝、龙眼。广西合浦堂排二号汉墓出土了迄今最早的荔枝标本，说明岭

南一带是当时中国（也是世界上）荔枝、龙眼的最重要产区。原产于地中海和里海的葡萄很早就在新疆安家，张骞通西域前后传到中原，很快获得推广，成为中原人喜爱的果品。番石榴、柰、新疆梨、胡桃等大体也是这一时期引入中原的。在《上林赋》《西京杂记》《齐民要术》等书中，载录了品类繁富的南北果品及其不同品种。

2. 独立林业经营的出现

战国时期以后，林业活动不再依附于虞衡业或园圃业。《淮南子·主术训》在谈到汉代农业生产内容时，特别提到"丘陵阪险不生五谷者，以树竹木"，表明林业已和五谷、六畜、桑麻等并列，成为农业生产的重要项目。从《四民月令》和西汉王褒《僮约》的记载来看，汉代地主除种植果木桑柘外，还种植竹、漆、桐、梓、松、梅、杂木等。而一般农户的生产活动也包含舍旁种树和上山砍柴等内容。经营大规模经济林木或用材林的林业经营业也已经出现。《史记·货殖列传》说："山居千章之材……淮北常山以南、河济之间千树萩，陈、夏千亩漆，齐、鲁千亩桑麻，渭川千亩竹……此其人亦与千户侯等。"《齐民要术》总结了榆、白杨、棠、谷楮、漆、槐、柳、楸、梓、梧、柞和竹的栽植技术，并计算了商品性经营的利润。这些都表明林业已成为独立的生产部门。

中国古代经济林木的种类很多，其中较重要的有桑、漆和竹。漆可作涂料和入药。我国对漆树的利用可追溯到原始时代，浙江余姚河姆渡新石器时代遗址出土了迄今世界上最早的漆器。种漆树不晚于周代。战国时已有漆园，云梦睡虎地秦律中有关于漆园管理和奖惩的规定；汉代更出现了上千亩漆林的记载。中国以精美的漆器闻名于世。漆器另一重要生产国日本的漆树传自中国，时间不晚于公元6世纪。竹在古代人民的生活中发挥了很大作用，它不但被用以制造各种生活用具和生产工具，在纸发明以前还是主要书写材料。竹又可作箭杆、乐器，竹笋可供食用、入药，南方还有用竹纤维织布的，故历史上有"不可一日无此君"之说。我国古代南方盛产竹自不必说，自先秦至两汉，黄河流域也有不少野生、半野生或人工栽培的竹林与竹园。晋代出现了我国第一本专门性著作——《竹谱》。

粮食构成发生重大变化

在唐宋时期，我国的粮食构成发生了一系列重大变化。其中对国计民生影响最大的是稻麦上升为最主要的粮食作物，取代了粟的传统地位。

水稻一直是南方人的主食，并不断被北方人所引种。在黄河流域，关中平原、伊洛河流域等地区均有较集中的水稻种植。北宋也在北方推广稻作。中唐至两宋，南方水利迅速发展，梯田、圩田、涂田等不断垦辟，水稻种植面积大为增加。随着南方水田精耕细作技术体系的形成，水稻单位面积产量明显提高。南方稻产区也有较大扩展，宋代时期，江南成为全国最主要粮产区，出现"苏湖熟，天下足"的民谚，当时唐代还只是零星种植水稻的岭南诸州，水稻也有很大发展。水稻被宋人称为"安民镇国之至宝"，又谓"六谷名居首"，它在粮食生产中的主要地位至此完全确立。

中原传统作物是春种秋收的，有"续绝继乏"之功的冬麦则正值青黄不接之时收获，因此备受欢迎。冬麦又可以和其他春种或夏种作物灵活配合增加复种指数，在我国轮种、复种制中，冬麦往往处于枢纽地位。由于上述原因，小麦种植历来为民间重视、政府提倡。唐、宋时代麦作发展很快。唐初租庸调中的租规定要纳粟，粟在粮作中仍处于最高地位，麦豆被视为"杂稼"。但中唐实行两税法，分夏、秋两次征税，夏税主要收麦，反映了当时麦作的普遍。北宋时，小麦已成为北方人的常食，以致绍兴南渡，大批北方人流寓南方时竟引起了麦价的陡涨，从而促进了南方稻作的进一步发展。当时南方种麦已相当普遍，不但"有山皆种麦"，而且部分水田也实行稻麦轮作一年两熟。小麦终于在全国范围内成为仅次于水稻的第二位作物。

除了水稻和小麦外，高粱的种植也有了重大发展。它原产于非洲，何时传入我国难以确考。但最初大概种植于西南民族地区，故有"蜀秋""巴禾"之称。唐、宋诗文中已有"蜀黍"记载，农书中收录高粱栽培法始见于《务本新书》，王祯《农书》有"蜀黍"专条。鲁明善《农桑撮要》也强调了种蜀黍的利益。可见宋、元时高粱开始在黄河流域有较多种植。18、19世纪又推广到东北地区，成为我国北方重要粮食作物。高粱有耐旱、耐涝、耐盐碱的特点，可以种在不宜麦粟的低洼多湿地区，产量虽不高，但秫秸可充当燃料和编结材料，这也是高粱在燃料比较缺乏的北方得以推广的重要原因。

荞麦可能原产于我国青藏高原或长城以北。陕西汉墓已有荞麦出土，但黄河流域种荞麦似乎是唐代以后才多起来的。荞麦生长期短、适应性强，作为救灾的追补作物和早熟田的复种作物有广泛的种植。

第三章 古代农业经济

南方经济作物和植茶业开始崛起

在隋唐宋元时期，我国的纤维作物的构成也发生了很大的变化，其中，最突出的是苎麻地位的上升和棉花传入长江流域。

苎麻是我国南方利用和种植颇早的一种纤维作物。唐、宋以来，随着南方经济的繁荣，苎麻生产有较大发展。唐代苎麻的产地为山南道、淮南道、剑南道、岭南道，均在江淮以南。苎麻生产的发展与其繁育栽培技术的改进密不可分。苎麻的早期生产采用无性繁殖法，其生产发展的速度很慢；后来，发明了种子繁殖法，苎麻生产的发展速度开始加快。《农桑辑要》对苎麻种子繁育法的整地、选种、播种、管理、移栽等技术环节做了详尽、细致的叙述。

在很长时期内，人们以为长江流域和黄河流域的植棉是从元代开始的。实际上，南宋时期，植棉不但开始在江南推广，而且已经拓展到黄河流域。南宋时江南不少地方植棉已经是比较稳定的生产项目，且具一定规模，以致成为政府征税的对象。元代长江流域植棉业也有进一步发展。

此外，这一时期的油料作物的种类则更加多样化。古老的叶用蔬菜芸苔转向油用，被改称为"油菜"。北宋苏颂《图经本草》说："油叶出油胜诸子，油入蔬清香，造烛甚明，点灯光亮，涂发黑润，饼饲猪易肥，上田壅苗堪茂。"南宋人项安世说："自过汉水，菜花弥望不绝，土人以其子为油。"宋、元时南方多熟种植有较大发展，油菜耐寒，又可肥地，是稻田中理想的冬作物，又比芝麻易种多收，故很快在南方发展起来，成为继芝麻之后又一重要油料作物。此外，在北宋时期，人们已经开始用大豆榨油了。苏轼《物类相感志》就提到"豆油煎豆腐有味"。两宋时豆类种植在南方有较大发展，是旱地和山区主要作物之一。由于油料作物的发展，油坊遍设于大小城市，以致金宣宗时有人提出要实行"榷油"。

种蔗和植茶本时期发展为农业生产的重要部门。以前人们认为我国甘蔗是从印度传入的，但经近代的研究证明，我国也是甘蔗原产地之一。但在相当长的时期内，产量不多，质量大概也不够高。唐太宗

采茶

55

时曾遣使到印度恒河下游的摩揭陀国学习制糖技术，回国后加以推广，质量超过摩揭陀。到唐大历年间又有冰糖的创制，时称"糖霜"。制糖技术的进步，促进了种蔗业的发展。唐宋时期，大江以南各省均有甘蔗种植，福建、四川、广东、浙江种蔗更多。尤其是四川的遂宁，成为全国最著名的产糖区，出现大面积连片蔗田和不少制糖专业户——"糖霜户"。

中国是茶的发源地，传说早在神农氏时期，人们就已经发现茶有解毒的作用。而最早利用和种植茶的是我国南方少数民族。从文献记载看，最早利用和栽培茶树的是西南的巴族，西周初年已在园圃中种茶和向中原王朝贡茶了。又据《茶经》记载，唐代中期今湖北西部和四川东部原巴族聚居地，仍有两人合抱的野生大茶树。汉代四川有茶叶市场，王褒《僮约》中提到要家僮到"武都（今四川彭山县）买茶"，巴蜀在相当长时期内是我国茶叶生产中心。魏、晋、南北朝，茶叶生产推广到长江中下游及以南地区，茶饮也开始在江南地区流行。入唐以后，饮茶习俗风靡全国，从士大夫阶层到寻常百姓家，从城市到农村，饮茶成为日常生活必需品。不但中原人爱喝茶，西北和西藏的游牧民族也特别喜欢和需要茶。从唐代开始，茶叶成为中央政府向北方和西藏诸民族换取军马的主要物资，这种交换被称为茶马贸易。这种情形推动了唐、宋以来茶叶的生产。

知识链接

山 歌

山歌，主要集中分布在高原、内地、山乡、渔村及少数民族地区。流传极广，蕴藏极丰富。山歌是中国民歌的基本体裁之一。一般流传于高原、山区、丘陵地区，人们在行路、砍柴、放牧、割草或民间歌会上为了自娱自乐而唱的节奏自由、旋律悠长的民歌。再认为，草原上牧民传唱的牧歌、赞歌、宴歌，江河湖海上渔民唱的渔歌、船歌，南方一些地方婚仪上唱的"哭嫁歌"，也都应归属于山歌。

第三章 古代农业经济

新的高产粮食作物的引进和传播

明清时期，我国农业生产的内容更加丰富，不仅原有作物有了很大发展，新作物的引进和推广也起到了重要作用。同时，由于农业中不同作物和不同部门的此消彼长，农业生产的结构也发生了重大变化。

我国自唐中叶以后稻麦上升为最主要的粮食作物。明、清时，稻麦的这种地位进一步得到巩固。清代水稻种植的北界从新疆的伊犁，沿河西走廊、河套直至辽河流域一线。清末民初，迁入我国的朝鲜族在鸭绿江和图们江流域种稻，辽宁铁岭和黑龙江宁安的朝鲜族人也开辟了水田。在清代，西藏也有植稻记载。这样，水稻种植已遍及全国所有省区。最大的稻作中心由长江下游的江浙转到长江中游的湖广，四川、江西、两广的稻米生产也很发达。小麦生产也有发展。华北地区以小麦为主要粮食作物，明代已有"一麦抵三秋"的民谚。清代确立了以小麦为中心的两年三熟制。在南方，稻麦复种进一步普及。随着东北地区的开发，逐步形成新的重要麦产区。

知识链接

民以食为天

《汉书·郦食其传》："王者以民为天，而民以食为天。""民以食为天"不仅仅居于中国食文化的核心，还是历朝历代的立国之本。历代统治者都重农轻商，国家始终以农业为中心。

民以食为天，中国古代历朝重视农业生产。新中国成立后，我国在实践中明确提出农业是国民经济的基础。我国是一个农业大国，但应该看到我国离农业强国的距离还很大。土地分散，生产效率低，技术落后，竞争力不强等问题一直困扰着我国农业的发展。是否能让占全国人口百分之七十的农民在城镇化发展过程中受益，关系到我国的安全和稳定，这是决定国家长治久安的大事。

与此同时，玉米、甘薯、马铃薯等高产新作物的引进和推广在我国的粮食生产中引起了一场意义深远的变革。它们适应了当时人口激增的形势，为中国人民征服贫瘠山区和高寒地区，扩大适耕范围，缓解粮食问题，做出了巨大贡献。没有它们的推广，明、清时耕地的扩大和单产的提高都会受到极大的限制。

我国现今主要粮食作物，依次是水稻、小麦、玉米、高粱、谷子、甘薯和马铃薯，这是长期历史发展的结果，而粮食作物构成的这种格局，清代已基本形成了。

其他经济作物的发展

油料作物的种植在明清时期有了极大的发展。15世纪以后，油坊普遍出现，榨油业成为城市中的重要产业。在原有的油料作物中，芝麻、油菜种植很广，发展最突出的则是大豆。北宋时期，人们就已经开始用大豆榨油，明代人们又发现豆饼是优质肥料和饲料。明末清初，大豆和豆饼已成为重要商品。时人叶梦珠说："豆之为用也，油腐而外，喂马、溉田，耗用之数，几与米等。"社会不断增长的需要促进了大豆生产的发展。黄淮以北和西南各省豆类种植颇广，而最重要的大豆生产基地则是东北，"自康熙二十四年（1685年）开海禁，关东豆麦每年至上海者千余万石"。东北大豆不但销往国内不少地区，而且是重要出口物资。

明清时期，一些新的油源地也相继被开辟出来。大约元、明之际，亚麻（亦称胡麻）由药用的野生植物转化为油用的栽培植物，西北地区有不少种植者。明代引进了向日葵，刚开始的时候只是作炒食之用，至清末《抚郡农产考略》始有"子可榨油"的记载。意义更为重大的是花生的引进。据报道，浙江吴兴钱山漾和江西修水跑马岭都出土过新石器时代的花生遗存。但在以后漫长的岁月里，花生并不见

打谷图

于文献明确记载，这成为农史研究中尚未解开的一个谜。明嘉靖以前，原产巴西的花生传入我国，始见苏州学人黄省曾（1490—1540）的《种芋法》，叫香芋，又称落花生。嘉靖《常熟县志》也有落花生的记载，大概是从海路传至闽、广，由闽、广传至江浙，清初已扩展到淮河以北。初作干果，用于榨油始见于赵学敏《本草纲目拾遗》（1765年）。19世纪末又有大粒花生（"洋花生"）的传入，山东成为其重要生产基地。花生含油量大，是榨油的好原料，引进后发展很快，清末民初，除新疆和西域外，各省均有花生种植，花生跃居为最重要的油料作物。

为了满足国内外不断增长的对糖的需求，明清时期的植蔗与制糖业有了很大的发展。福建、广东、四川等省仍是甘蔗生产发达地区。如广东种蔗不但"连岗接埠，一望丛若卢苇"，还在低洼地区挖塘垫基，在基上种蔗栽桑，一些地方蔗田面积赶上以至超过禾田。四川沱江流域以内江为中心发展为西南最大糖业基地，云南、贵州、西藏以及河南、陕西等地也有甘蔗种植。台湾是新兴甘蔗产区，经郑成功父子经营，到清代已出现"蔗田万顷碧萋萋，一望葱笼路欲迷"（郁永河诗）的景象，制糖业迅速赶上以至超过大陆。19世纪后期又从俄罗斯传入糖用甜菜，1870年前后已在奉天海州（今辽宁海城）种植。

明代时期，饮茶的方法由煎饮简化为泡饮，再加上市镇经济的日益繁荣，茶已经成为一种大众化的饮料。明代继续以茶储边易马。清代，传统的官方和半官方的茶马贸易被更广泛的民间贸易所代替，同时茶叶又成为对外贸易最重要的物资之一。17世纪以前，中国茶叶的对外贸易多限于亚洲诸国。17世纪中叶，中国红茶传入欧洲。从此，欧洲成为华茶贸易之对象。鸦片战争以后，茶叶输出数量激增。我国茶叶生产，尤其粤、湘、赣、闽、浙、皖等省，有较大发展。但从光绪中期起，英、荷在印度、斯里兰卡、印度尼西亚等地发展种茶，打破了我国在国际茶市的独占局面，又导致了我国茶叶生产的凋敝。

在明清时期，我国还引进了一种重要的经济作物，即原产于美洲的烟草。16世纪末17世纪初从吕宋传入台湾和福建漳、泉，再传入内地，初音译为"淡白菰"。广东所种烟草，则系从越南传入，亦有来自福建者。明末清初，也有从朝鲜传入东北的。烟草能祛瘴避寒，成为大众之嗜好品，很快就传遍大江南北、长城内外，形成许多地方名烟与集中产区。由于种烟的利润高，不少地方把粮田改作烟田。至鸦片战争前夕，烟草与粮食争地已成为突出的问题。

明清时期的蔬菜品种不断增加，其中，传统的葵和蔓菁在蔬菜中所占的比重不断下降，白菜和萝卜的比重则不断上升。尤其是明中叶培育出不同于原来散叶型的结球白菜，即今天的大白菜，它不但为我国人民所喜爱，而且被世界各国广泛引种。这一时期引进的蔬菜有原产美洲的辣椒、西红柿、菜豆、南瓜以及球茎甘蓝和结球甘蓝等，它们经过我国人民的改造，有很大的发展。如我国现在拥有世界上最丰富的辣椒品种，包括各种类型的甜椒，成为菜椒品种输出国，北京的柿子椒引种到美国，被称为"中国巨人"。

明、清时我国原有栽培果树的品种显著增加，又从国外引进杧果、菠萝、番木瓜、番荔枝等果树。我国北方现在的主要栽培果树西洋苹果和西洋梨，则是清末从北美洲传入我国的。

第二节
古代农业耕作制度演变

中国古代耕作制度的演变

耕作制也叫农作制，它是种植农作物的土地利用方式及有关技术措施的总称。耕作制度的演变，一般是由撂荒经过休闲发展到连种和轮作。它是随着人类的繁衍、社会经济制度的发展和科学技术的进步而发展的。中国古代耕作制度的演变是符合这个发展规律的，但又有自己的某些特点。

1. 原始时期的撂荒制

原始社会时期，我国的耕作制度是撂荒制，它也是我国最早使用的耕作制度，其具体表现形式为刀耕火种。这种原始的耕作制度，在解放前还在云南怒江的独龙族中使用着。据记载，它的耕作方法是："江尾虽有牸牛，并不用之耕田，农器亦无犁锄，所种之地，唯以刀伐木，纵火焚烧。用竹锥地成眼，点种苞谷，若种荞麦、稗、黍之类，则只撒种于地，用竹帚扫匀，听其自生自实，名为刀耕火种，无不成熟。今年种此，明年种彼，将住房之左右前后土地分年种完，则将房屋弃之，另结庐居，另砍地种，其所种之地，须荒十年、八年，必须草木畅茂，方行复砍复种。"（李根源《求昌府征文》）我国原始社会中的刀耕火种，大体便是这一类型。

知识链接

春节与农业的关系

春节和年的概念，最初的含义来自农业，古时人们把谷的生长周期称为"年"，《说文·禾部》："年，谷熟也"。在夏商时代产生了夏历，以月亮圆缺的周期为月，一年划分为十二个月，每月以不见月亮的那天为朔，正月朔日的子时称为岁首，即一年的开始，也叫年，年的名称是从周朝开始的，至西汉才正式固定下来，一直延续到今天。但古时的正月初一被称为"元旦"，直到中国近代辛亥革命胜利后，南京临时政府为了顺应农时和便于统计，规定在民间使用夏历，在政府机关、厂矿、学校和团体中实行公历，以公历的元月一日为元旦，农历的正月初一称春节。

2. 夏、商、西周时期的休闲耕作制

约在夏、商、西周时期，我国开始出现休闲耕作制。典型的休闲形式，便是西周时期"菑、新、畬"的土地利用方式。《诗经·小雅·采芑》中有"薄言采芑，于彼新田，于此菑亩"的记载，《诗经·周颂·臣工》中有"嗟嗟保介，维莫之春，亦又何求，如何新畬"的记载。对此《尔雅·释地》做过这样的解释："田，一岁曰菑，二岁曰新田，三岁曰畬"，菑、新、畬是一块农田三年中所经历的三个不同利用阶段。据古人的解释，菑是"不耕田"，即休闲的田；新是"新成柔田"，即休闲后重新耕种的田；畬是"悉耨"的田，即耕种一年后土力舒缓柔和的田。可见菑、新、畬是以三年为一周期的

一年休闲、两年耕种的休闲种植制度。与撂荒制相比，这种休闲耕作制的优势在于：一是耕地闲置的期限大大缩短，土地利用率有了提高；二是开始对自然有计划地恢复地力，已将用地和养地结合起来。

3. 春秋战国时期的连年种植制

春秋战国时期，在休闲种植制度的基础上，我国的耕作制度发展为连年种植制度。这种连年种植制在春秋时期已经出现，《周礼·地官》中所记的"不易之地"就是一种连年种植的耕地。战国时各诸侯国纷纷变法，"辟草莱，任土地"，大力开垦生荒地和熟荒地来发展生产，连年种植制在这一时期有了明显的发展。连年种植制的发展和这一时期小农经济的形成、铁农具的使用和施肥技术的创造是分不开的。

4. 两汉时期的轮作复种制

汉代，我国北方又从连年种植制的基础上发展为轮作复种制度。其实，轮作复种技术早在我国的春秋战国时期就有记载。《荀子·富国》中说："今是土之生五谷也，人善治之，则亩益数盆，一岁而再获之。"《管子》中说："常山之东，河汝之间，蚤生而晚杀，五谷之所蕃熟，四种而五获。"这讲的都是复种。《吕氏春秋·任地》中有"今兹美禾，来兹美麦"的记载，这讲的是轮作。但这一时期的轮作复种，只是局部地区出现的个别现象，到汉代才形成为一种耕作制度。郑玄注《周礼·地官·稻人》引郑众说："今时谓禾下麦为荑下麦，言芟刈其禾于下种麦也。"郑玄又在《周礼·薙氏》注中说："今俗谓麦下为夷下，言芟夷其麦以种禾、豆也。"郑玄是东汉末年人，郑众是东汉初年人，这说明东汉时期轮作复种已在我国北方形成制度了。这种轮作复种制的种植方式是禾—麦—豆的轮作，是种二年三熟制。

5. 魏晋南北朝时期的禾豆轮作制与绿肥轮作制

在魏晋南北朝时期，一种以豆科作物为中心的种植制度开始形成，它是在汉代三科作物轮作的基础上发展起来的。这种种植制度包括豆科作物同禾谷类作物进行轮作的禾豆轮作制和豆科绿肥同其他作物进行轮作的绿肥轮作制。

禾豆轮作制主要包括以下几种轮作方式：

绿豆（小豆、瓜、麻、胡麻、芜青或大豆）—谷—黍、稷（小豆或瓜）；

大豆（或谷）—黍、稷—谷（瓜或麦）；

麦—大豆（小豆）—谷（黍、穄）；

小豆—麻—谷；

小豆（晚谷或黍）—瓜—谷。

绿肥轮作制主要包括以下几种轮作方式：

稻苕轮作。《广志》："苕草、色青黄紫华，十二月稻下种之，蔓延殷盛，可以美田。"

谷、绿豆（或小豆、胡麻）轮作。《齐民要术》："凡美田之法，绿豆为上，小豆、胡麻次之。悉皆五六月概种，七月八月犁概杀之。为春谷田，则亩收十石，其美与蚕矢熟粪同。"

葵、绿豆轮作。《齐民要术》："若粪不可得者，五六月中概种绿豆，至七月八月，犁概杀之，如以粪粪田，则良美与粪不殊，又省功力。"

这种有意识地把豆科作物纳入轮作周期、提高土壤肥力的做法，是我国古代轮作制中一个重大的特点，这也是我国生物养地的先例。

6. 唐宋时期的稻麦两熟制

唐宋时期，由于人口大量南迁，江南人口急剧膨胀，土地开始供不应求。北人南移又增加了南方对麦子的需求量，麦价因此猛涨。为了解决人多地少的矛盾和满足社会上对麦子的需要，江南地区开始利用稻田的冬闲时期来种麦，这样便在南方形成了稻麦两熟制。稻麦两熟制最先出现于唐代。唐·樊绰在《蛮书》中说："从曲靖以南，滇池以西，土俗唯业水田，种麻、豆、黍、稷，不过町疃。水田每年一熟，从八月获稻，至十一月、十二月之交，便于稻田种大麦，三月、四月即熟。收大麦后还种粳稻，小麦即于岗陵种之。"说明唐代我国已有稻麦两熟制，主要流行于云南，种植的形式是稻与大麦搭配。到了宋代时期，长江下游地区也开始实行稻麦两熟制。北宋时，据《吴郡图经续记》记载，苏州地区已"刈麦种禾（稻），一岁再熟"，已形成稻麦一年二熟制。以后，便逐步推广到其他地区，一年两熟制的内容，也有了新的变化，稻除同麦轮作外，还同油菜、蚕豆、蔬菜等进行轮作。稻麦两熟制在江南的形成，在经济上和农学上都有重要意义。第一，它增加了复种指数，提高了土地利用率，为当时增加粮食来源，缓和耕地不足的矛盾，开辟了新的途径。第二，它起到了水旱轮作、熟化土壤的作用，对保持和提高地力具有不小

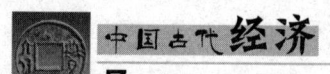

的功效。所以南宋的农学家陈旉称这种种植制度既具有"熟土壤而肥沃之"的提高地力作用，又有"以省来岁功役，且其收足，又以助岁计也"（陈旉《农书》）的经济意义。至今，稻麦两熟制仍是江南稻区的主要种植制度。

7. 明清时期的南方双季稻、三熟制以及与北方两年三熟制

明清时期，尤其是清代，我国的人口呈爆炸型增长。明洪武十四年（1381年）为5987万人，到清道光十四年（1834）猛增到40100万人，在453年中，人口增长了5.7倍。与此同时，人均耕地不断下降，从明代初期的14.56亩/人，到道光时下降到1.65亩/人，从而在全国范围内形成了一个人多地少、耕地不足的严重矛盾。提高复种指数，是当时解决这一矛盾的重要措施之一。这样，多熟种植在明清时期便在我国迅速发展起来，主要表现是南方双季稻和三熟制的发展以及北方两年三熟制的普及。

在历史上，双季稻又称再熟稻，它主要是利用再生稻的办法来求得"再熟"，但面积十分有限，古代称之为"再撩稻"或"稻孙"。在明清时期，双季稻获得了极大发展，而且利用的方式也和历史上不同，主要是利用连作和间作。

连作稻的分布，据明代《天工开物》记载说："南方平原，田多一岁两栽两获者""六月刈初禾，耕治老藁田，插再生秧"，说明双季连作稻主要分布在南方。清代《江南催耕课稻篇》说："闻两湖之间早晚两收者，以三、四、五月为一熟，六、七、八月为一熟，必俟早稻刈后，始种晚稻。安徽桐城、庐江等县亦然，其种法与广东广西同"，说明双季连作稻在清代主要分布在湖南、湖北、安徽、广东、广西等省。

间作稻的分布，明代《农田余话》记载说："予常识永嘉儒者池仲彬，任黄州、黄陂县主薄，问之，言其乡以清明前下种，芒种莳苗。一垄之间，稀行密莳，先种其早者，旬日后，复莳晚苗于行间，俟立秋成熟，刈去早禾，锄理培壅其晚者，盛茂秀实，然后得其后熟。"这说明间作稻在明代的浙江温州地区就已经存在。清代《江南催耕课稻篇》记载说："浙江温州、台州等府及江西袁州、临江等府，早稻既种，施以晚稻参插其间，能先后两熟，其种法与福建同。"反映了清代浙江、江西、福建等地都有间作稻的分布。

在长江流域以南和华南沿海一带，流行的耕作制度主要是三熟制。其种植方式是双季稻加一季旱作，主要的是麦、稻、稻一年三熟制。例如，万历《福州府志》记载说："每于四月刈麦之后，仍种早晚两稻，故岁有三熟。"同治

第三章 古代农业经济

高粱

《江夏县志》记载说："谷分早秧、晚秧，早秧于刈麦后即插，六月中获之插晚秧于获早稻后，仲秋时获之。"《江南催耕课稻篇》记载说："今俗以不种麦者为白地。种麦者为麦地，每于四月割麦之后，仍种早晚两稻，故岁有三熟。"

除了麦、稻、稻一年三熟之外，还有麦、稻、豆一年三熟制。明嘉靖安徽《太平县志》载，浙江黄岩"既获稻，乃艺菽，收菽种麦"。清代《邵阳县酌时急务条示》中说，湖南一些地方"禾尽而豆亦种齐，冬初豆熟又复种麦，来夏麦熟，又复种禾，周而复始，循环无间，是湖南一岁之田，较江浙更可三收其利"。此外，《广东通志》记载，惠州府有稻、稻、菜。《广东新语》记载，广东、广西有三季稻。《调查广州新宁县实业情形报告》中有薯、薯、稻，稻、稻、薯，稻、稻、萝卜等多种形式的三熟制。

在北方，主要推行的耕作制度是三年四熟制和二年三熟制。其地区主要集中在山东、河北和陕西的关中等地，种植的基本形式是以粮食为主，适当加入养地作物、配合油料作物和秋杂粮，清代刘贵阳在《说经残稿》中记载的就是这种耕作制："坡地（俗谓平壤为坡地），二年三收，初次种麦，麦后种豆，豆后种蜀黍、谷子、黍、稷……涝地（俗谓污下之地为涝地），二年三收，亦如坡地，惟大秋概种穇子……麦后亦种豆。"多熟种植的推行，不仅增加了粮食产量，还提高了土地利用率，至今仍是我国解决人多地少、耕地不足矛盾的一个重要措施。

北方旱地的耕作技术体系

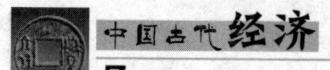

北方指的是黄河中下游地区,这一地区年降雨量偏少,而且分布不匀,主要特点是春季多风旱,雨量主要集中于夏秋之交。春季是播种长苗的重要季节,雨水的需要量特多,因此,北方地区进行农业生产的最突出问题便是防旱。

这个问题在战国时已为人们认识到并在土壤耕作中采取了相应的措施。当时使用的"深耕疾耰""深耕耰糯"耕作技术便是我国最初的耕作防旱措施。耰有两方面的意义:作为农具讲,它是一种碎土的木榔头;作为耕作技术讲,它是耕后的一种耱田碎土作业。疾耰是耕后很快将土打碎,熟耰是将土块打得细细的,其目的就是保墒防旱。

这种"深耕疾耰""深耕耰糯"的耕作技术,到汉代便发展为耕耰结合的耕作法。《氾胜之书》说:"凡麦田,常以五月耕,六月再耕,七月勿耕,谨摩(耱)平以待时种。"耱就是用无齿耙将土块耙碎,地面耙平。说明耕后耱地保墒的技术,在西汉时已经产生。

到了魏晋时期,耕耱结合的耕作法进一步发展,形成了耕、耙、耱抗旱保墒的耕作技术。在嘉峪关的魏晋墓壁画中,已有耕、耙、耱的整个操作图象。到北魏时期,贾思勰在《齐民要术》中又在理论上对它做了系统的说明,至此我国北方旱地耕作技术体系便完全定型了。

1. 耕地的时期应以土壤的墒情为准。《齐民要术》说:"凡耕高下田,不问春秋,必须燥湿得所为佳。"所谓燥湿得所,就是土壤中所含的水分适中。在水旱不调的情况下,要坚持"宁燥勿湿"的原则,因为"燥耕虽块,一经得雨,地则粉解""湿耕坚垎,数年不佳",即形成僵块,破坏耕性,造成跑墒,耕作好几年都会受影响。

2. 耕地深度应以不同时期而定。《齐民要术》说"初耕欲深,转地欲浅",因为"耕不深,地不熟,转不浇,动生土也"。这是因为黄河流域秋季作物已经收获,深耕有利于接纳雨水和冬雪,也有利于冻融风化土壤。而春夏之季,正值黄河流域的旱季,这时的气温逐渐增高,水分蒸发量也逐渐增大,深耕动土,就会跑墒,影响播种。

3. 耕后耙耱在抗旱保墒中的作用。《齐民要术》说:"春多风旱,若不寻劳(耱),地必虚燥(即跑墒)""再劳地熟,旱亦保泽也""小小旱不至全损,何者,缘盖耱数多故也"。因此,他指出耕后一定要劳(耱),"春耕寻手劳""秋耕待白背劳""耕而不劳,不如作暴",意思是耕后不劳,还不如不耕,让它白地晒着好。

可见到北魏时期,我国北方旱地耕作的技术体系,即通过耕耙耱以达到抗旱保墒的整套土壤耕作技术,已经完全形成。北魏以后,我国北方的耕作技术仍有发展。主要表现在:

1. 特别重视耙的作用,提倡多耙和细耙。金元时期的农书《韩氏直说》说:"古农法,犁一摆(耙)六,今人只和犁深为全功,不知摆细为全功,摆功不到,土粗不实,下种后,虽见苗,立根在粗土,根土不相著,不耐旱,有悬死、虫咬、干死等诸病。摆功到,土细又实,立根在细实土中,又碾过,根土相著,自耐旱,不生诸病。"这表明,早在金元时期,我国人民就已经认识到多耙细耙具有保墒耐旱的作用;保证种子安全出苗,苗后能良好生长的作用;以及减少虫害和病害的作用。这是北方旱地土壤耕作技术进一步发展的标志之一。

2. 浅—深—浅耕作法的应用。这套耕作法形成于清代,清代的《知本提纲》说:"初耕宜浅,破皮掩草,次耕渐深,见泥除根(翻出湿土,犁净根茬),转耕勿动生土,频耖毋留纤草。"郑世铎注解说:"转耕,返耕也。或地耕三次:初次浅,次耕深,三耕返而同于初耕;或地耕五次,初次浅,次耕渐深,三耕更深,四耕返而同于二耕,五耕返而同于初耕。故曰转耕。"《知本提纲·农则耕稼》)这种耕作方式,在北魏时的《齐民要术》中已有记载,不过那时只是因为牛力不足,难以秋耕时的补救措施。直到清代,这种耕作法才正式成为耕作体系的基本环节之一。它在我国北方抗旱保墒中具有明显的防止雨水流失、蓄水保墒的作用。

南方水田的耕作技术体系

南方是指秦岭、淮河以南的广大地区,这一地区以种植水稻为主。南方主要以育秧移栽的方式进行水稻种植,土壤耕作要求大田平整、田土糊烂,以便插秧,这和北方的旱地耕作有明显的不同,从而在我国又形成了一种水田耕作技术体系。

秦汉时期,我国南方还是一个地广人稀的地区,生产落后,多采用火耕水耨的粗放耕作技术。东汉时,我国的水稻生产开始由直播向移栽发展。唐代"安史之乱"后,北方人口大量南移,并将北方的先进工具传到南方,这样便促进了南方耕作技术的发展,形成了耕—耙—耖相结合的水田作业。

由于砺、碌碡在破碎土块、打混泥浆、平整田面方面的作用还不够理想,所以到宋代又加以改进,创造出耖。耖是一种"疏通田泥器",王祯《农书》说,这种农具"见功又速,耕耙而后用此,泥壤始熟矣"。耖在破碎土块,打混泥浆,平整田面方面都有良好的作用。到南宋时期,用耖操作已经成为水田耕作的重要一环。这在南宋楼俦《耕织图诗》中已见记载:"脱绔下田中,盎浆著塍尾,巡行遍畦畛,扶耖均泥滓。"从此便形成了南方水田耕耙耖相结合的耕作技术体系。

大豆

宋元时期,我国南方稻田存在着两种不同的情况,一种是冬闲田,一种是冬作田。这两种田的耕作是不一样的。

冬闲田的耕作,大致有三种方法:

一是干耕晒垡。陈旉《农书》说:"山川原隰多寒,经冬深耕,放水干涸,霜雪冻冱,土壤苏碎。当始春,又遍布朽薤腐草败叶,以烧治之,则土暖而苗易发作,寒泉虽冽,不能害也。"干耕晒垡的耕作方法主要用于土性阴冷的地区或山区,借以利用晒垡和熏土来提高土温。

二是干耕冻垡。陈旉《农书》说:"平陂易野,平耕而深浸,即草不生,而水亦积肥矣。"干耕冻垡的耕作方法主要用于平川地区,通过深耕泡水,沤烂残根败叶,以消灭杂草和培肥田土。

三是冻垡和晒垡相结合。王祯《农书》说:"下田熟晚,十月收刈既毕,即乘天晴无水而耕之,节其水之浅深,常令块拨半出水面,日暴雪冻,土乃酥碎,仲春土膏脉起,即再耕治。"冻垡和晒垡相结合的耕作方法是通过既晒又冻、上晒下冻的办法来促进土壤的进一步熟化。

插秧

冬作田的耕作,由于南方稻田土壤黏重、地下水位高,一般都采用开沟作畦的方法。据元代王祯《农书》记载,其法是:"高田早

熟，八月燥耕而曝之，以种二麦。其法起垡为疄，两疄之间，自成一畎，一段耕毕，以锄横截其，泄利其水，谓之腰沟。二麦既收，然后平沟畎，蓄水深耕，俗谓之再熟田也。"

至今，在南方的土壤耕作中还广泛使用着宋元时代创造的稻田耕作技术，它也是当地夺取农业丰收的一个技术关键。

知识链接

鱼米之乡

因为我国东部受夏季风影响，降水丰富，所以气候湿润，物产丰富，被称为"鱼米之乡"。

中国长江三峡以东的中下游沿岸带状平原。北接淮阳山，南接江南丘陵。地势低平，地面高度大部分在50米以下。中游平原包括湖北江汉平原、湖南洞庭湖平原（合称两湖平原）和江西鄱阳湖平原。"鱼米之乡"是指长江中下游平原，因下游平原包括安徽长江沿岸平原和巢湖平原以及江苏、浙江、上海间的长江三角洲，其中长江三角洲地面高度已在10米以下。平原上河汊纵横交错，湖荡星罗棋布。著名的洞庭湖、鄱阳湖、太湖、高邮湖、巢湖、洪泽湖等大淡水湖都分布在这一狭长地带。向有"水乡泽国"之称，盛产鱼、虾、蟹、菱、莲、苇。气候温和，无霜期240～280天，江南可种植双季稻，粮、棉、水产在全国占重要地位，素称"鱼米之乡"。长江中下游平原经济发达，有上海、南京、南昌、武汉等大城市和苏州、无锡、常州、盐城、淮安、镇江、扬州、泰州、南通、上饶、芜湖、长沙、岳阳等中等城市。北界淮阳丘陵和黄淮平原，南界江南丘陵及浙闽丘陵。由原长江及其支流冲积而成。面积约20多万平方千米。地势低平，海拔大多50米左右。中游平原包括湖北江汉平原、湖南洞庭湖平原（合称两湖平原）、江西鄱阳湖平原；下游平原包括安徽长江沿岸平原和巢湖平原（皖中平原）以及江苏、江西、浙江、上海间的长江三角洲。

第三节
古代农田水利工程

渠系工程

渠系工程主要应用于平原地区，水利多以蓄、灌为主。早在战国时期，这种工程已经出现，以后一直沿用，它是我国农田水利建设中运用最普遍的一种工程。最著名的渠系工程，有以下几项：

1. 关中的郑国渠和白渠

郑国渠兴建于秦王政元年（前246年），原是韩国的一个"疲秦"之计。韩国派当时著名的水工郑国到秦国去帮助修渠，企图以此消耗秦国的大量人力、物力，使其无力东顾，以保关东六国的统治地位。后来"疲秦"之计为秦发觉，秦欲杀郑国。郑国谏言道，修渠只能"为韩延数岁之命，而为秦建万世之功"，秦认为言之有理，命其继续施工。修成后，因郑国主持施工，故名之为郑国渠。郑国渠西引泾水，东注洛水，干渠全长约150千米，灌溉面积扩大到4万余顷。

郑国渠

由于郑国渠引用的泾水挟带有大量淤泥，用它进行灌溉又可起到淤灌压碱和培肥土壤的作用，使这一带的"泽卤之地"又得到了改良，关中因而成为沃野。后来"秦以富强，卒并诸侯"，郑国渠可谓是为秦统一六国奠定了经济基础。

西汉时，关中的渠系建设进一步发展，汉武帝太始二年（公元前95年），又在泾水上修白渠，因此渠为赵中大夫白公建议修成，故称白渠。白渠位于郑国渠之南，走向与郑国渠大体平行。西引泾水，东注渭水，全长约100千米，灌溉面积4500多顷。此后人们将它与郑国渠合称为郑白渠，当时有歌谣曰："田于何处，池阳谷口，郑国在前，白渠起后，举锸为云，决渠为雨，泾水一石，其泥数斗，且粪且溉，长我禾黍，衣食京师，亿万之口。"由此可见，郑白渠的修建，对关中平原的农业生产和经济的发展起了重要作用。

除此之外，在关中平原上还修建了辅助郑国渠灌溉的六辅渠，引渭水及其支流进行灌溉的成国渠、蒙茏渠、灵轵渠等灌渠。其中引洛水灌溉的龙首渠，在施工方法上又有重大的创新。龙首渠在施工中要经过商颜山，由于山高土松，挖明渠要深达40多丈，很容易发生塌方，因此改明渠为暗渠。先在地面打竖井，到一定深度后，再在地下挖渠道，相隔一定距离凿一眼井，使井下渠道相通。这样，既防止了塌方，又增加了工作面，加快了进度。这是我国水工技术上的一个重大创造，后来这一方法传入新疆，便发展成了当地的独特灌溉形式——"坎儿井"。

2. 临漳的漳水十二渠

漳水十二渠简称漳水渠，亦称西门渠，位于战国时魏国的邺地，即今河北临漳县一带。邺地处于漳水由山区进入平原的地带，漳水经常在这个地方泛滥成灾。当地的恶势力，借此大搞"河伯娶妇"的骗局，残害人民，骗取钱财。公元前445年至前396年期间，魏文侯派西门豹到邺地任地方官。西门豹到任后，一举揭穿了"河伯娶妇"的骗局，狠狠地打击了地方恶势力，并领导群众治理洪水，修建了漳水十二渠。

漳水十二渠是一项多道制引水工程，它在漳水中设12道潜坝，12个渠口，12条渠道，渠口设有进水闸，这是根据漳水含泥沙量大，渠口易淤的特点设计的。漳水十二渠修成后，不仅使当地免除了水害之灾，使土地得到了灌溉，而且利用了漳水中的淤泥，改良了两岸的大量盐碱地，促进了农业生产的发展。自从修建了漳水十二渠以后，直到隋唐时期，这一带一直是我国重要的政治经济地区。

3. 四川都江堰

都江堰，古称"湔堋""湔堰""金堤""都安大堰"，到宋代才称都江堰。都江堰位于岷江中游灌县境内，在这个地方岷江从上游高山峡谷进入平原，流速减慢，挟带的大量沙石，随即沉积下来，淤塞河道，时常泛滥成灾。

都江堰

秦昭王（前306—前251）后期，派李冰为蜀守，李冰是我国古代著名的水利专家。李冰到任后，主持修建了留名千古的都江堰水利工程。都江堰水利工程主要由分水鱼嘴、宝瓶口和飞沙堰组成，分水鱼嘴是在岷江中修筑的分水堰，把岷江一分为二。外江为岷江主流，内江供灌渠用水。宝瓶口是控制内江流量的咽喉，其左为玉垒山，右为离堆，此处岩石坚硬，开凿困难。为了开凿宝瓶口，当时人们采用火烧岩石，再泼冷水或醋，使岩石在热胀冷缩中破裂的办法，将它开挖出来。飞沙堰修在鱼嘴和宝瓶口之间，其主要作用是溢洪和排沙卵石。洪水时，内江过量的水从堰顶溢入外江。同时把挟带的大量河卵石排到外江，减少了灌溉渠道的淤积。由于都江堰位于扇形的成都冲积平原的最高点，所以自流灌溉的面积很大，取得了溉田万顷的效果。成都平原从此变成了"水旱从人，不知饥馑"的"天府之国"。都江堰不仅设计合理，而且还有一套"深淘滩、低作堰"的管理养护办法。在技术上还发明了竹笼法、杩槎法，在截流上具有就地取材灵活机动易于维修的优点。至今，这项水利工程仍在发挥其良好的作用。它充分体现了我国古代劳动人民的聪明才智。

4. 北京戾陵堰

三国时，曹魏嘉平二年（250年），刘靖镇守蓟城（今北京），他利用湿水（今永定河）修建了戾陵堰，并凿车厢渠，引水入蓟城过昌平，东流到潞县（今通县），浇地1万多顷。刘靖修戾陵堰时，曾登梁山（今石景山）察看地形，堰址可能就在湿水过梁山处。北京戾陵堰是历史上开发永定河最早的大型引水工程。

5. 宁夏艾山渠

艾山渠是北魏刁雍主持兴建的一项水利工程，位于宁夏青铜峡以下的黄河西岸。

宁夏灵武一带，旧有灌溉工程设施，后因黄河河床下切，渠口难于引水而废，但仍保存有灌溉渠道。原渠口北河床中有一沙洲，将河分为东西两道。北魏太平真君五年刁雍为薄骨律镇（今宁夏灵武县西南）将，他利用了这一有利地形，主持兴建了艾山渠。宁夏艾山渠的工程布置是先在西河上筑壅水坝，坝体自东南斜向西北，与河流西岸呈锐角，然后在壅水坝西面河岸上开渠口。宽15步，深5尺，引入水渠；两岸筑堤高一丈，北行40里，与旧渠合，总长120里。渠成，"小河之水尽入新渠水则充足，溉官私田四万余顷"。艾山渠是历史上有名的引黄灌溉工程。

6. 河套引黄灌溉

河套是指内蒙古自治区和宁夏回族自治区境内，贺兰山以东，狼山和大青山以南，黄河沿岸地区，因黄河由此流成一大弯曲，故而得名。河套引黄灌溉的历史很早，据《汉书·沟洫志》记载：武帝时"朔方、西河、河西、酒泉皆引河及川谷以溉田"，文中的朔方就是今天的内蒙河套一带，河西是指宁夏及河西走廊等地。引河，指引黄河水以溉田，可见河套地区的引黄灌溉在西汉时期已经开始了。然而无论是内蒙河套灌区还是宁夏河套灌区，都是在清代时期开始大规模的引黄灌溉的。

7. 内蒙古灌区

北魏时期，黄河在内蒙古地区分为南北两支，北支大致沿今乌加河的流路，南支大体和今日黄河一致，这个基本形势到道光年间发生了变化，北支受西面乌兰布和沙漠的侵袭，逐渐堙废，成为今日内蒙古河套灌区的总排水干渠。南支则逐步变为今日的黄河。内蒙古灌区的地形呈西南高而东北低的态势，北支堙废和南支的扩大，为这一地区引黄灌溉创造了条件。根据清政府的政策，内蒙古河套一带划归蒙古部落游牧，是禁止汉人垦种的。后来随着汉蒙民族关系的日渐融洽,来到河套逃荒耕垦的山西、陕西一带贫苦农民日渐增多。道光八年(1828年)废除了禁止汉人进入河套的禁令后,来内蒙古开荒的人日益增多,从而加速了内蒙古的开发。开发的主要形式,就是修渠引黄灌溉,到清朝末年,内蒙古已修了大量的渠道,大型的渠道有8条,当时称为八大渠。八大渠的分布,从黄河上游起,依次是永济渠,刚日渠、丰济渠、沙河渠、义和渠、通济渠、长胜渠、塔布渠。自西南而东北,灌溉今杭锦后旗、达拉特旗、乌拉特前旗农田5000余顷。这些渠道中,由王同春一人独资开挖的有义和、丰济、沙河三大渠,由他集资合挖的有刚济渠、新皂火渠二条,参与指导开挖的有永济渠、通济渠、长济渠、塔布渠、杨家河等五条。因此他被人们视为内蒙古河套的开渠大王。到了清朝末期,内蒙古河套引黄灌溉的面积达到10000多顷。出现了沟渠密布,阡陌相望的生动景象,从而奠定了今日河套水利灌溉的基础。

8. 宁夏灌区

在清代时期,宁夏灌区的引黄灌溉工程也有了很大发展。清康熙四十年(1701年),在黄河西岸贺兰山东麓修大清渠,全长75里,灌田1213顷。雍正四年(1726年)又修惠农渠和昌润渠,惠农渠灌田20000余顷,昌润渠溉田1000余顷。这些渠与原有的唐徕渠和汉延渠一起,合称为河西五大渠,使宁夏灌区的水利有了空前的发展。

清代宁夏灌区的引黄灌溉工程,不仅规模大,浇地多,而且在渠系布置、水工建筑物的修建方面,也有独到之处。据《调查河套报告书》称,这里的五大渠渠口与黄河成斜交,以利引水。渠口旁各做迎水湃(即坝)一道。"长三五十丈或四百丈不等。以乱石桩柴为之逼水入渠。"距渠口10~20里,建正闸一座,旁设"水表"以测水位的高低。正闸以上各建减水闸2~4座不等。根据水表的尺度,水小时,关闭减水闸,使渠水全入正闸。大水时,把减水闸打开,让水泄入黄河。干渠两旁的支渠,长的有100多里,短的有数里或数十里,各建小闸,名陡门(即斗门),作为直接灌田之用。惠农渠道交叉处,还修了暗洞,以利交流。为了引汉延渠之水,灌惠农渠东岸的高地,采用了"刳木凿石以为槽"(即渡槽),以飞渡渠水东流。又在渠底设暗洞,排洼地积水入黄河,这样不仅解决了灌区农田的灌溉问题,还解决了低洼地区的排涝问题。

在护养和维修方面,宁夏灌区也有精心的设计。为了防止黄河洪水为害,惠农渠在渠东"循大河涯筑长堤322里,以障黄流泛溢",同时在渠旁植垂柳十余万株,"其盘根可以固湃岸,其取材亦可以供岁修"。为了不使泥沙淤塞渠道,在各段渠底都埋有底石,上刻"准底"二字。每年春季在渠道清淤时,一定要清除到底石为止。放水时,规定将上段各陡口闭塞,先灌下游,后灌上游。周而复始,从而保证了农田的用水需要。

汉代以后,黄河下游河患日甚,给下游人民带来了巨大的灾难。而河套地区却很少受害,反深得灌溉之利成为塞北的粮仓,因而在历史上有"黄河百害,唯富一套""天下黄河富宁夏"之说。

知识链接

治理黄河的汉朝皇帝

东汉汉武帝和汉明帝时,曾进行过两次大规模的治理黄河工程。汉武帝亲临治河工地,命随从的文官武将都去背柴,堵塞缺口。东汉明帝时,命水利专家王景负责治理黄河。经过这次治理,黄河在以后的八百多年中都没有改道,黄河下游几十个县被淹的土地,变成了良田。

陂塘蓄水

陂塘蓄水工程一般都在丘陵山区,以蓄水灌溉为主要目的,同时也起着分洪防洪的作用。历史上著名的陂塘蓄水工程有以下几项:

1. 安徽寿县的芍陂

芍陂建于公元前6世纪春秋时期,位于安徽寿春县(今寿县)南,是我国最早最大的一项陂塘蓄水工程。此工程是楚国令尹(相国)孙叔敖在楚庄王十六年(前598年)前不久所建。芍陂是利用这一地区,东、南、西三面高,北面低的地势,以池水(今淠河)与肥水(今东肥河)为水源,而形成

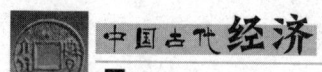

的一座人工蓄水库，库有5个水门，以便蓄积和灌溉。全陂周围60千米，到晋时仍灌溉良田万余顷，它在当时对灌溉防洪航运等都起了重要的作用。现在安徽的安丰塘，就是芍陂淤缩后的遗迹。

2. 绍兴鉴湖

鉴湖又称镜湖，位于浙江绍兴县境内。绍兴的地势，从东南到西北为会稽山所围绕，北部是广阔的冲积平原，再北就是杭州湾，是一种"山—原—海"的台阶式地形。在鉴湖未建成以前，绍兴的北面常受钱塘大潮倒灌，南面也因山水排泄不畅而潴成无数湖泊。一旦山水盛发或潮汐大涨，这里就会发生严重的洪涝灾害。东汉永和五年（140年），马臻为会稽太守，为了解决这个问题，他根据当地的地形，主持修筑了鉴湖。其措施是在分散的湖泊下缘，修了一条长155千米的长堤，将众多的山水拦蓄起来，形成一个蓄水湖泊鉴湖，即鉴湖。这样一来，洪水就无法对这一带构成威胁了。由于鉴湖高于农田，而农田又高于海面，这就为灌溉和排水提供了有利的条件。农田需水时，就泄湖灌田，雨水多时，就关闭堤上水门，将农田的水排入海中。鉴湖的建成，为这一地区解除积涝和海水倒灌为患创造了条件，并使9000余顷农田得到了灌溉的保证。鉴湖因此成了长江以南最古老的一个陂塘蓄水灌溉工程。

鉴湖

御咸蓄淡工程

御咸蓄淡工程是东南沿海地区用闸坝建筑物抵御海潮入侵，蓄引内河淡水灌溉的一种特殊工程形式。唐代鄞县它山堰和宋代莆田木兰陂都是其典型工程。

1. 鄞县它山堰

它山堰位于今浙江宁波西南 25 余千米鄞江桥镇的西南，是唐大和七年（833 年）鄞县（今宁波）县令王元玮主持修建的一项灌溉工程。

在它山堰未建以前，鄞江上游诸溪来水尽入甬江之中，民不得用，而海潮又通过甬江上溯，又使民不堪饮，禾不堪灌，严重影响人民生活和农业生产。它山堰工程使用了都江堰的施工经验来解决这个问题：在河上作堤，把上游的来水分别纳入大溪和鄞江中，平时七分入大溪，三分入鄞江，涝时七分入鄞江，三分入大溪。大溪的水，引入宁波，蓄潴在日、月两湖之中，一面供居民饮用，一面又可修渠灌溉附近七乡农田。为了保持水库和渠道有一定的水量，又在大溪上修了三座碣（节制闸），以调节水量。这样涝时可将多余的水排入甬江；旱时可利用潮汐的顶托，纳淡水入湖。它山堰不但发挥了灌溉作用，同时又防止了海潮袭击和咸水内侵，解决了城市的用水问题。这是唐代的水利建设中，取得的一项重大成果。

2. 莆田木兰陂

木兰陂兴建始于北宋治平元年（1064 年）中，经两次失败，至元丰元年（1085 年）才告建成。木兰陂是宋代少有的一座引、蓄、灌、排综合利用的大型农田水利工程。

木兰陂位于今福建莆田县西南的木兰溪。建陂以前，兴化湾海潮逆木兰溪而上，溪南岸围垦的农田，仅靠 6 个水塘储水灌溉，易涝易旱，灾害频繁，木兰陂建成后，"下御海潮，上截永春、德化、仙游三县游水，灌田万顷"，取得了"变斥卤为上腴，更旱嘆为膏泽"的良好作用。至元代，在木兰陂旁，又建万金斗门，引水通往北洋，与延寿溪衔接，又扩大引灌溉约 60000 亩。经过 900 多年的考验，木兰陂至今仍在发挥它灌溉的作用。

陂渠串联工程

陂渠串联，也叫长藤结瓜，它是流行于淮河流域的一种水利工程。这种工程，就是利用渠道将大大小小的陂塘串联起来，把分散的陂塘水源集中起来统一使用，借以提高灌溉的效率。我国最早的陂渠串防工程是战国末年湖北襄阳地区建成的白起渠。

1. 六门（六门陂）

六门堨是汉元帝时南阳太守召信臣所建的一项水利工程，位于穰县（今邓县）之西，建成于建昭五年（公元34年）。该工程壅遏湍水，上设三水门，至元始五年（公元5年）又扩建三石门，合为六门，故称为六门堨。六门堨的上游有楚堨，下游有安众港、邓氏陂等。据《水经注·湍水注》说，六门堨"下结二十九陂，诸陂散流，咸入朝水"。六门堨是一个典型的长藤结瓜型的水利工程。该工程"溉穰、新野（今新野）、昆阳（今叶县）三县五千余顷"，是当时一个具有相当规模的大灌区。

2. 马仁陂

马仁陂位于现在的泌阳县西北的35千米处。据《南阳府志》说，该陂亦为召信臣所建，"上有九十二岔水，悉注陂中，周围五十里，四面山围如壁，惟西南隅颇下，泄水"。召信臣在修建此陂时，先筑坝，又立水门，分流24堰，溉田10000余顷。马仁陂是拦蓄众多的沟谷水汇聚而成的，可以说是我国最早的山谷人工水库，它在我国水土保持的历史上具有重大的意义。

圩田工程

圩田既是一种土地利用方式，也是一种水利工程的形式，主要是在低洼地区建造堤岸，阻拦外水、排除内涝，修建良田。这种水利工程在不同的地方有不同的称谓，在太湖地区称为圩田，在洞庭湖地区称为堤垸，在珠江三角洲称为堤围，也称基围。

1. 太湖圩田

太湖圩田早在春秋战国时期就已经出现，在五代的吴越时期达到鼎盛。吴越是五代时期偏安于江南的一个封建小国，其统治地区主要是在今太湖平原。吴越王钱镠为了巩固其统治，对于太湖地区的农田水利进行了大力的修建、改造，经过80多年的努力，终于使太湖地区变成了一个低田不怕涝、高田不怕旱、旱涝保丰收的富饶地区。这充分反映了吴越时期太湖地区的水利建设所取得的重大成就。

太湖地区是一个四周高，中部低的碟形洼地。中部的阳澄湖、淀泖湖等地，处于全地区的最低处，必须筑堤围才能耕种。沿江、沿海的地区，又是全区的高田地带，非进行修渠灌溉难于获得丰收。针对这一特点，吴越在治理太湖水利上，采取的措施有：

（1）开浚出海干河，建立排灌系统，以三江为纲，提絜横塘纵浦的河网。所谓三江，是指吴淞江、娄江和小官浦，这是太湖地区三条出海的干河。在三江之间，布置了秩序井然的河网，"或五里七里而为一纵浦，又七里十里而为横塘"，使其流通于高田和低田之间。这样就保证了在干旱时有足够的灌溉用水；在受涝时，又可充分发挥排水作用。

（2）普遍设置堰闸，随时调节水位，这样既可以控制旱涝，同时又能防止海潮的侵袭。

（3）兴建海塘防御工程，保证内陆水系安全。

（4）创设撩浅军，建立分区负责的养护制度，其职责有疏浚塘浦，清泥肥田，修堤，种树，养护航路，等等。这是一支因地制宜、治水治田相结合的专业队伍。

（5）制定法令，严禁破坏水利。这是一个治水与治田结合，治涝与治旱并举，兴建与管理兼重的水利规划。在这个水利规划的基础上，太湖地区的农田水利，基本上达到了湖网有纲、港浦有闸、水系完整、堤岸高厚、塘浦深阔，形成了塘浦位位相承、圩田方方成列的圩田体系，从而有效地抗御了旱涝灾害。据记载，在吴越经营太湖水利的86年中，只发生了4次水灾，平均21年半一次，旱灾只有一次，这是太湖地区历史上水旱灾害最少的一个时期。太湖地区在圩田工程建设上所取得的成就从中可见一斑。但太湖地区这一水利建设的成就到宋代以后，由于滥围滥垦，遭到了严重的破坏。

2. 洞庭湖堤垸

宋代时期，洞庭湖堤垸开始出现，当地"或名堤、名围、名障、名坨、名坪各因其土名……其实皆堤垸也"。它是在江湖的浅水处筑堤挡水，内垦为田，并通过堤上涵闸引水和排涝，和太湖圩田建造方法大体相同。明清时期洞庭湖围垦加速，明代中叶，这一地区已成为我国的一个新粮仓，被称作为

"湖广熟，天下足"。到清代，洞庭湖的堤垸更加恶性膨胀。据调查，"湖南滨湖十州县，共官围百五十五，民围二百九十八"，从而加剧了这一地区的洪涝灾害，据近人统计，明代以前湖区水灾每83年发生一次，明代后期至清末平均20年一次，到20世纪40年代平均每年一次。因此，洞庭湖堤垸与其说是一种水利工程，不如说是一种与水争地的设施。清代中叶以后，也曾提出了洞庭湖的治理问题，并提出了"废田还湖""塞口还江"等主张。但因要废弃大片良田，又要影响长江洪水调节和江汉平原的安全，还要触及各方面的经济利益，因而都难以实行。洞庭湖堤垸的兴建是有利也有弊的，后来由于盲目围垦，洞庭湖日渐缩小，堤垸内水系混乱，从而造成了严重的洪涝灾害，形成了"从前民夺湖为田，近则湖夺民以为鱼"的严重局面。

3. 珠江三角洲的堤围

珠江三角洲堤围主要分布在珠江三角洲和韩江三角洲的滨海滨江地区。堤围工程的方式和太湖圩田、洞庭湖堤垸类似，也是一种筑堤围田的工程。宋代时期，珠江三角洲的堤围开始出现。据统计，宋代珠江三角洲所建的堤围有28处，总堤长6.6万余丈，围内农田面积为2.4万余顷。明清时期迅速发展，围堤大大增加，明代筑堤180多条，清代扩大到270条，围垦区发展到东江和滨海地区。清中叶以后，今顺德、新会、中山等县的滩地迅速得到开发。为了促进滩涂淤涨，当时还采用修筑顶坝、种植芦苇等工程和生物措施以促使海滩淤涨，围垦区不断扩大。到清末，据光绪《广州府志》记载，三水县已有堤围35处，南海有76处，顺德多至91处。在珠江三角洲中，以地跨南海、顺德二县的桑园围历史最早，建于北宋大观年间。至清乾隆时，已发展成为有名的大堤围之一，仅涵闸就有16座。

淀泊工程

淀泊工程是宋代时期出现于华北平原的一种水利工程。淀泊工程的出现和当时的政治军事形势有着密切的关系。

北宋时，从白沟上游的拒马河，向东至今雄县、霸州、信安镇一线，是宋辽的分界线。北宋政府为了防御辽国骑兵的南下，决定利用分界线以南的凹陷洼地（即今白洋淀、文安洼凹地）蓄水种稻，以达到"实边廪"和"限戎马"的目的。河北海河流域的淀泊为适应这种军事上的需要而得到了开发。

宋太宗端拱元年（988年），雄州地方官何承矩上书，建议"于顺安西开易河蒲口，导水东注于海……资其陂泽，筑堤贮水为屯田"以"遏敌骑之奔轶"，同时在这一地区"播为稻田""收地利以实边"。这样便可形成一条东西长150多千米，南北宽25～35千米的防御工事，阻拦辽国骑兵南下。沧州临津令黄懋也认为屯田种稻，其利甚大。因此也上书说："今河北州军多陂塘，引水溉田，有功易就，三五年间，公私必大获其利。"宋太宗采纳了这一建议，任何承矩为制置河北沿边屯田使，调拨各州镇兵18000人，在雄州（今雄县）、莫州（今任丘）、霸州（今霸州市）、平戎军（文安县西北新镇）、顺安军（今高阳县东旧城）等地兴修堤堰600里，设水门进行调节，引水种稻。到熙宁年间，界河南岸洼地接纳的河水有滹沱、漳、淇、易白（沟）和黄河等，形成了由30处大小淀泊组成的淀泊带，西起保州（今保定市），东到沧州泥沽海口，约400余千米。这是河北海河地区农田水利一次大开发，也是河北海河地区种植水稻的一次高潮。直到北宋后期，淀泊工程才日渐堙废。

海塘工程

海塘是一种抵御海潮侵袭，保护沿海农田和人民生命安全的一种水利工程。海塘工程主要分布于江浙两省的沿海地区，范公堤和江浙海塘是其代表。

1. 范公堤

范公堤系北宋范仲淹于乾兴四年（1168年）在苏北沿海主持修建的一条捍海大堤，起自江苏阜宁抵启东、吕四，长291千米。大堤建成后，大量农田免除了海潮侵袭，百姓为了纪念范仲淹，就将此堤称为范公堤。

《范文正公集·年谱》说："（乾兴

范公堤遗址

四年丙寅，年三十八……通、泰、海州皆滨海，旧日潮水至城下，田土斥卤不可稼穑，文正公监西溪盐仓，建白于朝，请筑捍海堤于三州之境。长数百里以卫民田，朝廷从之，以公为兴化令，掌斯役，发通、泰、楚、海四州民夫治之。既成，民享其利。"《宋史·河渠七》上，称它是"三旬毕工，遂使海濒沮如，斥卤之地化为良田，民得奠居，至今赖之"。

其实早在唐代时期，这一带就已经建有捍海堰。《宋史·河渠七》说："通州、楚州沿海，旧有捍海堰，东距大海，北接盐城，袤一百四十二里，始自唐黜陟使李承实所建，遮护农田，屏蔽盐灶，其功甚大。"大约因年久失修，至宋时已经坍坏。范公堤应该就是在捍海堰的基础上重新修建的。但这也说明，苏北的捍海大堤在唐代已经有了。当然这也不能抹煞范仲淹在重修苏北捍海大堤中的功绩。

到了明清时代，范公堤的堤外已经陆续涨出平陆100多里，但此堤仍有束内水不致伤盐，隔外潮不致伤稼的功用。

2. 江浙海塘

江浙海塘，北起常熟，南至杭州，全长400多千米，其中又分江苏海塘和浙江海塘两大部分。江苏海塘，又称江南海塘，大部分临江，小部分临海，所经之地有常熟、太仓、宝山、川沙、南汇、奉贤、松江、金山等县，长250千米，浙江海塘又称浙西海塘，经平湖、海盐、海宁至杭州钱塘江口，长约150千米。

江浙海塘修建的历史很早，汉代杭州已修建有钱塘江海塘，但只是一种简单的土石塘；唐代在盐官又重筑捍海塘，长62千米；五代时吴越王钱镠又在钱塘江口筑石塘。

江浙沿海是明清时期全国农业生产最发达的地方，全国田赋收入，相当大的部分都来自这个地区。保障江浙沿海的安全，不仅直接关系到千百万人民的生命财产，同时也影响到封建王朝的田赋收入。因此，这一时期修筑江浙海塘，就成为朝野共同关心的大事，从而促进了海塘建设的发展。其主要的表现就是将土塘改成石塘，提高海塘抗御海潮的能力。

在浙江海塘方面，海盐、平湖地段，明代修筑了21次，至明末已基本改成石塘，海宁地段由于有强潮侵袭，土质又是粉沙土，加上当时尚未解决在浮土上修建石塘的技术问题，只是在部分地区修建了石塘，直到清代的康熙、乾隆时期，才发明了"鱼鳞塘"的修塘方法来解决这个问题。所谓鱼鳞塘法，就是在每块大石料的上下左右都凿有斗笋，使互相嵌合，彼此牵制，并在合缝处用溃灰灌实，再用铁笋、铁锁嵌扣起来，使其坚固不易冲坏。由于在浮土上修建石塘的技术问题得到了解决，使海宁的海塘建成了鱼鳞石塘，这一带的农田因而也获得了有效的保障。

江苏海塘，松江、宝山、太仓等地海塘，在明清时期的重修共有30次之多。崇祯七年（1634年）在松江华亭建了江苏最早的石塘。此次华亭海塘不断修筑加固，太仓、宝山的海塘也在清末增修。和浙江海塘相比，江苏海塘一般都是比较矮小的土塘，即使是石塘，也比较单薄。在技术方面，江苏海塘从"保塘必先保滩"出发，特别重视护岸工程在消能、防冲、保滩促淤等方面的作用，以加强塘堤本身，这是一种积极的护岸思想，这种措施对节省筑塘经费有着重要的意义。

坎儿井工程

坎儿井是新疆地区利用地下水进行灌溉的一种特殊形式。新疆地区雨量少，气温高，水分极易蒸发；沙碛多，地面流水又极易渗漏。针对新疆地区这种特殊的自然特点，创造出了坎儿井工程。

坎儿井又称卡井。《清史列传·全庆传》："吐鲁番境内地亩多系挖井取泉，以资灌溉，名曰卡井。每隔丈余掏挖一口，连环导引，水由井内通流，其利正溥，其法颇奇，洵为关内外所仅见。"据记载，坎儿井在汉代已经在新疆出现，只是当时没有坎儿井其名而已。《汉书·西域传下》载："宣帝时，汉遣破羌将军辛武贤将兵万五千人至敦煌，遣使者按行表，穿卑鞮侯井以西，欲通渠转谷，积居庐仓以讨之。"三国人孟康注"卑鞮侯井"说："大井六，通渠也，下流涌出，在白龙堆东土山下。"由此可以看出，这有六个竖井，井下通渠引水的工程，显然就是我们今天所说的坎儿井。

坎儿井是以渗漏入沙石层中的雪水为水源，包括暗渠、明渠和竖井3个部分。暗渠的作用是把水源引流到明渠，即灌渠中。开挖暗渠前每隔3～4丈挖一竖井：一是为了解地下水位，确定暗渠位置；二是便于开挖和维修暗渠时取土和通气。这样既可利用深层潜水，又可减少水分蒸发，避免风沙埋没，正好适应了新疆地区的自然特点。

新疆坎儿井的大发展是在清代，据《新疆图志》记载，十七、十八世纪时，北疆的巴里坤、济木萨、乌鲁木齐、玛纳斯、景化乌苏，南疆的哈密、鄯善、吐鲁番、于阗、和田、莎车、疏附、英吉沙尔、皮山等地，都有坎儿井。最长的哈拉马斯曼渠，长75千米，能灌田16900多亩。清末，仅吐鲁番一地就有坎儿井185处。坎儿井在新疆农业生产的发展中起到了至关重要的作用。道光二十四年（1844年），林则徐赴新疆兴办水利，他在吐鲁番见到坎儿井后，说："此处田土膏腴，岁产木棉无算，皆卡井水利为之也。"

第四章

先进的手工业

　　手工业,是指依靠手工劳动,使用简单工具的小规模工业生产。中国古代的手工业具有悠久的历史,早在原始社会晚期即已从农业中分离出来,形成独立的生产部门。中国古代农业文明高度发达,中国科技水平领先于世界,农业和科技的进步极大地推动了手工业生产的发展,我国古代手工业生产也呈现出很高的水平。以纺织业、制瓷业、冶金业、造纸业和造船业等为代表的手工业生产历史悠久、技术高超、工艺精湛、质量优良,长期居于世界前列。

第一节
古代手工业发展概述

中国古代手工业的产生与发展

古代手工业最初与农业联系密切,属于农民副业性质的家庭手工业。原始社会晚期经过第二次社会大分工,手工业脱离农业,形成独立的个体手工业。其特点是一家一户为单位,用私有生产资料分散经营。

夏商周时期,手工业由官府统一管理,成为官营手工业。其制作工艺水平代表了当时手工业的最高技术水平。

春秋战国时期以后,官营手工业继续发展,民营手工业出现。逐步形成官营手工业、私营手工业、家庭手工业三种经营形态。

到明代中后期,随着社会生产力和商品经济的发展,江南一些手工业部门又进一步发展为资本主义简单协作的手工业和工场手工业。

中国古代手工业代表部门和成就

1. 纺织业

(1) 新石器时代：原始纺织业出现（最初为麻和葛），出现人工育蚕和丝织技术。

(2) 商代：有负责指导桑蚕生产的专职官员,《礼记·昏义》"妇功,丝麻也"。

(3) 汉代：技术高超,通过丝绸之路行销到欧洲,中国被称为"丝国"。

第四章　先进的手工业

马王堆汉墓出土素纱襌衣（重量轻）和起绒棉（花纹有立体感，层次分明）。

（4）唐代：私营纺织作坊兴起，官营纺织业也有相当大规模（规模大，分工细）。唐宋时代的绒线毯、元明时代的绒棉、织金绒、天鹅绒均沿袭汉代技术。

（5）宋代：棉花种植及棉纺织技术推广到闽粤等地，丝织工艺水平有所提高。

（6）明代：以生产商品为目的的纺织业兴起，苏州等地丝织业出现资本主义萌芽（机户、机工）。

2. 冶铸业

（1）冶铜业：商周时期青铜铸造及代表作（司母戊鼎、四羊方尊）。大多作为礼制的象征。

（2）冶铁业：

①现在已知最早：人工冶炼铁器，是春秋晚期的遗物。

②战国中期以后的铁器，在许多地区有大量出土。炼钢和淬火工艺有所发展。

③汉代：铁业官营制度，开始使用煤做燃料，供风形式也有革命性变化（自然通风—人力皮囊鼓风—畜力鼓风）。东汉杜诗发明水排，进一步提高了生产效率。

3. 陶瓷业

早在欧洲人掌握瓷器制造技术一千多年前，中国人就已经制造出很精美的陶瓷器。中国是世界上最早应用陶器的国家之一，而中国瓷器因其极高的实用性和艺术性而备受世人的推崇。原始社会晚期出现的农业生产使中国人的祖先过上了比较固定的生活，客观上对陶器有了需求。人们为了提高生活的方便，提高生活质量，逐渐通过烧制黏土烧制出了陶器。

粉彩瓷器

(1) 新石器时代（约前8000—前2000）：开始烧制陶器。

(2) 从商朝中期东汉晚期：由陶向瓷过渡。

(3) 唐代：制瓷业已经成为独立的生产部门，越窑青瓷、邢窑白瓷、景德镇白瓷脱颖而出。

(4) 宋元：瓷窑遍布各地。全国有几大名窑：河北定窑，河南均窑，江西景德镇窑，浙江龙泉窑，陕西耀州窑。

(5) 明清：粉彩瓷器工艺的发明，使制瓷业的发展达到鼎盛时期。

古代手工业由官到私的转变

1. 古代手工业世代传习的原因

综合来看，古代手工业形成世代相传的原因有以下几点：小农经济的束缚；封建文化自我封闭和保守性的大环境影响；官府的干涉；手工业内部错误的竞争观念。

最先提出这个让手工业世代传习思想的人是管仲，他主张：商人，农民，工人，士兵，官员都不改变自己的职业，并且让他们的子女继承父辈的工作。这样才能让国家长治久安和富强。（管子认为他们从小就熟悉这些行业，世代传承有助于提高生产效率和国家的稳定。）

接着再次提出这种思想的是法家的商鞅。"有技艺者者一人焉，百人皆怠于农战矣"（《商君书·农战第三》）。意思就是说，有一个人靠手艺吃饭，那么就有十个人耕田和打仗的积极性受到打击。如果有一个人靠经商致富，那么就有一百个人耕田和打仗的积极性受到打击。如果要想让秦国富强，那么就必须让国民们安心于农战。所以他主张要用法律来限制人民改变自己的职业，这种思想被历代统治者所应用。

最后就是有些朝代的统治者对手工业者的歧视，让农民不愿意从事手工业，又用法律限制手工业者和他们的家人转变职业。当然有些手工业者本身就是官奴，他和他的家人的人身自由依附与别人，不能改变职业。也有些手艺极其高超的手工业者，为了技术不外流，只传给自己的家人，尤其是儿子。

2. 古代手工业由官营为主到以私营为主变化的主要原因

（1）生产力水平的提高为私营手工业的发展提供了物质基础。
（2）农业生产的进步为私营手工业的发展提供了原料。
（3）商品经济的发展以及封建人身依附关系的削弱促进了私营手工业的发展。
（4）官营手工业陈旧的管理模式，压抑了广大劳动者的生产积极性。

中国古代手工业发展的特征

中国古代手工业历史悠久，十分发达，主要表现在以下几个方面：

1. 手工业生产部门不断增加与劳动分工越来越细

在原始社会后期，手工业种类较少，只有石器、骨角器、陶器、纺织、酿酒、编织等部门；奴隶社会增加了冶铜业（主要指青铜），封建社会又增加了冶铁、制糖、棉纺织业等部门。手工业部门不断增加，有的是在生产过程中产生新的行业，有的则是在原有行业中分离出来形成新的部门，劳动分工越来越细。如在纺织业的发展过程中，先有丝织业，后有棉纺织业；其后棉纺织业不断发展，又分为轧花、纺纱、织布、印染等部门。同样，在矿冶铸造业方面，也日益分化为采矿、冶炼、铸造等部门。另外，原有手工业部门的创立与发展往往带动其他部门的出现与发展。如中国冶铁业的兴起，使农业制造和兵器制造应运而生，成为独立的生产部门。

2. 手工业生产技术不断进步

以冶铁业发展技术为例：春秋时期以木炭为燃料，皮囊鼓风冶铁；西汉时期开始用煤炭做燃料；东汉时期发明了水力鼓风机——水排提高炉温；北宋以后用焦炭为燃料。同时，坩埚炼铁法的创造和土高炉炼铁技术的进步，使中国古代冶铁业生产技术得到进一步提高。

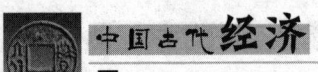

3. 手工业生产规模不断扩大与工场手工业出现

原始社会晚期只能是简单协作的生产；奴隶社会规模有所扩大，已初步出现劳动分工，生产效率提高；封建社会生产规模进一步扩大，劳动分工更加细密；到了明代中后期，江南城市手工业生产中产生资本主义萌芽，出现工厂手工业经营方式，采用雇佣劳动，分工细致，进行扩大再生产。如江南地区矿冶、纺织、制瓷等部门，具有比较复杂的生产设备，吸收了大量雇用劳动者。

4. 官营手工业、民营手工业、家庭手工业三种经营形态并存

在商周时期，手工业由官府所垄断，形成官营手工业一统天下的局面。到了春秋战国，官营手工业的垄断局面被打破，除了官营手工业继续发展，民营手工业和家庭手工业开始出现。民营手工业中，既有众多个体经营的小手工业，也有可与官营手工业相匹敌的大手工业，主要集中在与国计民生关系密切的熏盐、矿冶等部门。家庭手工业则是随着小农经济的形成而出现的，它与农耕相结合，以纺织业为主。此后，官营手工业、民营手工业和家庭手工业，就成为中国封建社会手工业生产的三种经营形态。官营手工业由政府直接经营，它利用国家权力征调最优秀的工匠，控制最好的原料，生产不计成本，产品大多非常精美，但这些产品主要供官府、贵族消费，不是商品。民营手工业由民间私人经营，产品作为商品拿到市场上出售。家庭手工业是农户的一种副业，产品主要供自己消费和缴纳赋税，剩余部分才拿到市场上出售。到明清时期，官营手工业衰落，民营手工业逐步占据主导地位，表明资本主义生产方式的萌芽开始产生。一是自给自足的自然经济开始破坏；二是一些手工业作坊扩大为工厂手工业。

5. 经济重心南移与手工业生产布局呈相应变化

中国古代经济重心，在南宋时期完成了由北方向南方的迁移。有不少手工业生产部门、手工业制品的主要产地，也从北方逐渐移到南方。这种情况，在中国古代丝织业地区分布的变化中表现得最为明显。宋代以前，中国的丝织生产，繁盛于黄河流域，河北地区最为突出。南宋时期，重心南移，尤以南方地区的苏州、杭州、南京、广州等地最为有名，不论官营丝织业还是民

营丝织业都是这样。明代初年，政府在全国一些地方设立官府织染局，长江流域的南直隶（今江苏）、浙江、江西、四川等地都有设置，而以浙江最多。

6. 古代手工业生产长期领先于世界

中国古代手工业产品不仅供国内消费，而且还远销亚、非、欧许多国家，广受欢迎和赞誉。

第二节
异彩纷呈的纺织业

中国是一个传统的男耕女织的封建国家，纺织业历史源远流长，它的发展特点大体是：北宋以前，中国纺织业以丝麻织业为主，南宋以后，棉布逐渐成为人们的主要衣料；纺织业主要体现了封建自然经济的特点，是中国自然经济的重要组成部分，明中期以后，以生产商品为目的的纺织业逐渐兴盛起来，且产生了新的生产关系即资本主义生产关系萌芽。

原始社会时期的纺织起源

中华大地是一个重要的人类发祥地。在有文字记载以前，人类曾走过一个十分漫长的原始阶段。

1929年12月2日，北京城西南周口店龙骨山上，经过考古发掘，一颗完整的远古人类的头骨化石重见天日。经专家测定，这颗石化了的人类头骨已经在山洞里默默沉睡了50万年，人们称之为"北京人"。后来，在对周口店山顶洞人遗迹的进一步发掘中，又发现一枚距今已达18000多年的骨针。骨针全长82毫米，直径3.1～3.3毫米，针尖锐利，针体圆滑，针孔窄小，说明山顶洞人远在旧石器时代就已经初步具有了缝制技能，开始不再赤身裸体了。

后来，人类在创造衣着的劳动实践中，经过漫长岁月的寻觅和探索，逐渐发现了植物中的韧性纤维，发现了桑蚕吐丝的奥秘，找到了利用植物纤维和蚕丝的方法，开始种葛种麻植桑养蚕缫丝的劳动。从此，人类衣着走上了真正辉煌的路程。

根据考古研究，大约在距今五六千年前的新石器时代晚期，华夏先民开始使用纺轮捻线，用原始织机织麻布，用骨针缝制衣服。在现今黄河流域及江淮地区，曾多处发掘出石制或陶制的纺轮、骨针、骨锥等原始的纺织和缝纫工具。据此。专家们认为远古先民用葛麻织布的方式是很简陋的，但就是这最原始的纺织机具对人类文明创成具有划时代的意义。河南三门峡庙底沟和陕西华县泉护村新石器时代遗址中，在出土的陶器上面都曾发现布纹痕迹。1926年在山西夏县西阴村出土的仰韶遗存中，曾发现有半个人工割裂的茧壳，说明当时已懂得育蚕。1959年在江苏吴江梅堰出土的黑陶器上，发现了生动形象的蚕的纹样。1977年浙江河姆渡遗址，又出土了一件牙雕小盅，盅壁上雕刻着四条宛若蠕动着的家蚕。最直接最能说明纺织技术状况的是1958年浙江吴兴钱山漾发掘的新石器时代文化遗址，获得不少纺织品，分别为麻、丝两种原料。麻布片为苎麻质，平纹组合；绢片、丝带和丝线等，原料为家蚕丝。

考古实物充分证明，我们的祖先早在五六千年前，就已经掌握纺织技术了。而这时，正是人文始祖"黄帝垂衣裳而天下治"的上古时代，也正是嫘祖教民养蚕制衣的时代。据史书记载，嫘祖是黄帝的元妃，乃西陵氏之女，"以其始蚕，故又祀先蚕"，就是把嫘祖当蚕神祭祀。所以，嫘祖始衣帛、育蚕且种桑的传说，便深深地扎根于人民心中了。

我们的祖先，从裸体到披兽皮、树叶，然后发展到利用植物表皮编结网衣，进一步将撕扯细了的葛、麻纤维用手搓捻后编织成衣物……最后终于出现了利用简单的工具纺线纺纱和用踞织机编制织物，揭开了人类纺织

山顶洞人

生产的序幕。

总之，我国纺织在经历原始社会的漫长发展时期后，人们的衣着进化到了用五彩的锦帛做衣裳，而且注意到了衣服的文采、样式、质地。纺织品的多样复杂，代表了这一历史时期的纺织工艺的成就，也表明了社会经济繁荣的真实面貌。

夏商周时期的纺织

夏商周三代，历时1600多年，是中国的奴隶社会。在夏商周时期，奴隶越来越多地投入生产各领域。随着农业的发展，手工业也更加发达起来。当然和其他手工业一样，丝、麻纺织工业相当发达。以产品种类来看，那时的丝、麻纺织手工业中已有了固定的内部分工，出现了专业的作坊。

蚕桑丝织业在我国有着十分悠久的历史，在先秦时期已经有了相当的发展。先秦各个时期的统治者无不重视发展农桑，奖励耕织。商代奴隶主贵族强迫奴隶进行大规模的集体耕作，奴隶们的劳动发展了农业。当时的农产品种类很多，作为农业的副业——桑麻，也大量发展起来。随着生产技术水平的提高，商代蚕桑也发展起来，缫丝、纺织、缝纫都很繁荣。丝织品和麻织品比起来，丝织品光泽、细密、鲜美、柔滑。在阶级社会中为奴隶主所喜爱，因此纺织工业被奴隶主所垄断，奴隶主穿丝帛，奴隶们穿用的都是麻布。周代是我国奴隶制繁盛的时期，经济比商代有了更大的发展。具有传统性能的简单机械缫车、纺车、织机等相继出现，还形成了纺织中心。根据历史记载，我国最早出现的纺织中心，可以追溯到2500年前左右，即春秋时代，以临淄为中心的齐鲁地区。当时另有一纺织中心是以陈留、襄邑为中心的平原地区，该地区生产的美锦，与齐鲁地区的罗纨绮缟齐名，也是当时的名产，直到汉末三国时

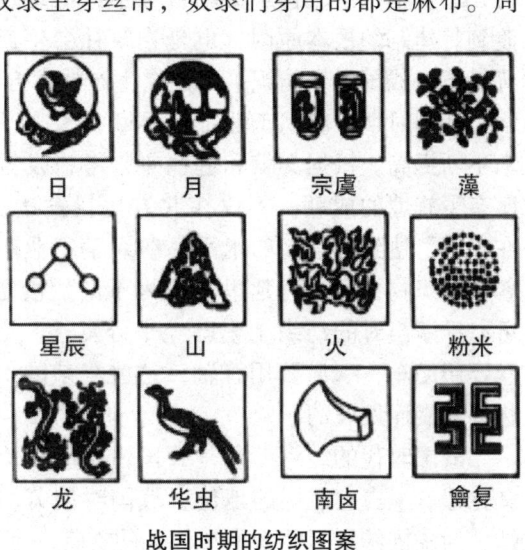

战国时期的纺织图案

期，还很兴盛。我国古代劳动人民用自己的智慧和双手，创造了纺织工艺的高度成就。使我国远在公元前六七世纪时，即我国的春秋时期，就已经成为世界闻名的"丝绸之国"了。

如果说衣着服饰使人类最终走出了野蛮，步入文明，是其所扮演的第一个文化角色，那么，它的第二个文化角色，就是它在阶级社会中，成为人的社会地位的象征符号。

自夏商开始，中国出现衣冠制度，到西周时，这种制度已基本完善。何谓衣冠制度？简言之，就是人的服饰冠履，须与人的身份相契合。《周礼·春官·司服》称："辨其名物与其用事。"这里明确提出，设服饰的目的就在于辨别等级，区分尊卑。这样，服饰事实上成了披裹于身的一种社会身份标识物。自商周以后，章服之制统治中国几千年，十二章纹样就是区分等威的最初尝试。穿衣服要尊卑贵贱各有分别，朝野吉凶各循其制。上自帝王后妃，下及百官命妇，以至平民百姓，服饰形制各有等差，强制人们凡服饰须尊礼典，非礼法规定的衣服，不得服之于身，不得穿比自己身份高的服饰，否则即是僭越。衣着织物由此成为创建人类社会秩序，维护阶级统治的一种温柔而又具有约制力的手段。

战国时期是我国封建社会的形成时期。从春秋末年到战国中期的 200 年间，封建土地所有制逐步确立。地主阶级为了争取庶民在经济和政治上的支持，不得不稍微改善了劳动者和平民的地位，劳动者地位的提高是奴隶制过渡到封建制的根本原因，也是当时社会生产力迅速提高的根本原因。在这些背景下，战国时期纺织手工业在生产技术方面迅速提高。

战国时期，纺织工业部门不断扩大，产品日趋多样，生产不断增长，技术不断提高。根据文献和近些年来考古发掘的文物来看，纺织手工业在当时已有了辉煌的成就。不仅在北方比较发达，而且在南方也占有重要的地位，在工艺上达到了很高的水平。纺织手工业产品多而精，在贵族中间已普遍穿着，丝织物在贵族宫廷里已成为不甚爱惜之物。根据麻葛丝帛的遗留物，都可以推断当时的纺织工艺已经十分发达。蚕丝缕细而弱，缫丝要用缫车，络丝要用络车，织帛要用轻轴，这些复杂的工具，都是随着丝缕的需要、丝织物的发展而发展的。

战国时代的纺织工艺是我国古代纺织历史上灿烂的一页，在我国历史和文化遗产上占有重要的地位。战国时期劳动人民在纺织技术和艺术上的创造性，为我国纺织工艺做出了伟大的贡献。

知识链接

乾隆皇帝龙袍上的十二章纹

古代帝王的服饰上绣有各种寓意吉祥、色彩艳丽的纹饰图案。如龙纹、凤纹、蝙蝠纹、富贵牡丹纹、十二章纹、吉祥八宝纹、五彩云纹，等等。这些图案只为封建社会里的帝王和少数高官所服用，并不普及。如龙、凤纹向来是帝、后的象征，除了帝、后之外任何人不得使用。十二章图案，自它在中国图纹中出现就是最高统治者的专有纹饰，一直到封建帝制的灭亡，只应用在帝、后的服饰和少数亲王、将相的服饰上，从未在民间出现过。

在北京艺术博物馆收藏着一件清乾隆明黄缎绣五彩云蝠金龙十二章吉服袍。此袍严格按照繁缛复杂的清代服饰制度制作。据《清史稿·志七十八·舆服志》记载："龙袍，色用明黄。领、袖俱石青，片金缘。绣文金龙九。列十二章，间以五色云。领前后正龙各一，左、右及交襟处行龙各一，袖端正龙各一。下幅八宝立水，襟左右开，棉、袷、纱、裘，各惟其时。"说明到了清代对龙袍在形制、制作工艺、装饰图案以及对于衣服的色彩上都规定得十分严谨苛刻。

秦汉时期的纺织业

秦汉时期，纺织文化走向辉煌，主要表现在以下几个方面：

1. 蚕桑种植的广泛普及

在统一后的华夏大地，"男乐其畴，女修其业"。汉乐府民歌《陌上桑》中罗敷采桑的喘气，《孔雀东南飞》中刘兰芝"十三能织素，十四学裁衣"的述说，《汉书·地理志》"男子耕种禾稻，女子桑蚕织绩"的记载，都反映着当时桑麻纺织作为妇女生产劳作的基本功已十分普及。

在考古发掘中，四川德阳汉墓出土的"桑园"图砖，成都出土的"桑园"画像砖，都生动地再现着青丝高绾的织妇在桑园劳动的景象。内蒙古和林格尔县发现的汉代墓葬，后室内壁画着一幅庄园图，上有女子在大片丛林中采桑，旁边置有筐箔之类器物，反映出庄园内兴旺的蚕桑之业。1972年嘉峪关附近的戈壁滩上发掘出东汉晚期砖墓，其中大量彩绘壁画和画像砖，描绘着妇女在树下采桑，儿童在桑园门外驱赶鸟雀，身边有置放蚕茧的高足盘、丝束、绢帛和生产工具等，画面丰富而生动，说明当时农桑之繁盛、农桑地域之广泛已不仅局限于中原地区。早在秦汉之前，我国劳动人民就在西南地区、西北地区、长城内外、大江南北等广阔土地上，开创出安定繁荣的农桑生产局面。

2. 纺织品产量大、品种多、质量精

由于农桑业的迅速发展，华夏大地遍植桑麻，绢帛生产数量惊人。据《汉书·平准书》记载，在天府年间，官府每年收集民间贡赋绢帛约在500万匹以上。按当时规定幅宽二尺二寸、匹长四丈计算，约合当今2400万平方米之多。这在约有5000万人口的汉代，产量已是十分可观。

秦汉时代丝织品产地遍及全国，但仍以齐、蜀为大宗。当时的临淄锦、襄邑锦以及成都的蜀锦享誉全国。同时，北方的亢父、清河、东阿、巨鹿以及边远的河内，都是著名的丝帛绢布的产地。甚至西南、西北的少数民族地区也有布帛生产。云南晋宁县石寨山发掘出大批西汉时期的墓葬，其中一些器物上就雕铸着女奴从事纺织生产的场面。当时，西南少数民族地区生产的斑布、蓝干布、白越布等都很有名。新疆民丰县发掘出的东汉墓葬，不仅有丝织品、毛织品，还发现有棉织品，证明我国的棉织印染业，早在1700多年前，就已流传到新疆地区，当时的新疆葛、麻、丝、毛、棉等各类天然纤维织物基本已经齐全。

汉代纺织物非常精美，现在可见的汉代纺织品以湖北江陵秦汉墓和湖南长沙马王堆墓出土的丝麻纺织品数量最多，品种花色最为齐全，有对鸟花卉纹绮，仅重四十九克的素纱单衣，隐花孔

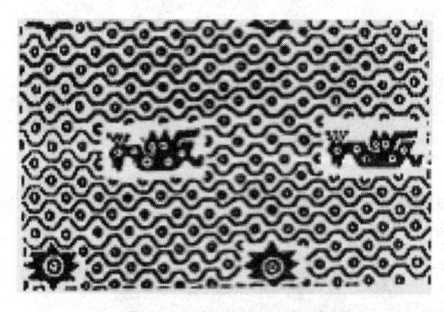

西汉隐花波浪孔雀纹锦

雀纹锦，耳环形菱纹花罗，绒圈锦和凸花锦等高级提花丝织品。还有第一次发现的泥金银印花纱和印花敷彩纱等珍贵的印花丝织品。沿丝绸之路出土的汉代织物更是绚丽灿烂。1959年新疆民丰尼雅遗址东汉墓出土有隶体"万世如意"锦袍和袜子及"延年益寿大宣子孙"锦手套以及地毯和毛罗等名贵品种。在这里并首次发现了平纹棉织品及蜡染印花棉布。织物品种如此复杂，得益于织物的工具和工艺的先进。如广泛地使用了提花机、织花机。

3. 技术设备先进，社会影响广泛

成书于东汉后期的《四民月令》中，记载着从养蚕到缫丝、织缣、擘绵、治絮、染色等全部生产过程，说明养蚕织帛的技术程序已经从织妇相从相习中走上文字传播的渠道。汉代农学家氾胜之曾总结先人养蚕方法上书朝廷，以其"忠国爱民"的至诚受到世人的肯定。可见当时桑麻技术已经走上成熟而传播十分广泛了。

秦汉时期的纺织机具，除了纺轮、纺抟之外，在多处发掘的汉代画像石中，都可见到络车、纬车、织机等纺织画面。

桓宽《盐铁论·散不足篇》曾指出："夫罗纨文绣者，人君后妃之服也，茧纳缣练者，婚姻之嘉饰也。"纺织品给贫富贵贱者做出了明显的标识。而皇帝赏赐臣下，动辄帛絮千万，一次赠匈奴单于竟达千匹、万匹之数。当时的一些权贵幸臣竟至"柱槛衣以绨锦"，犬马"衣以文绣"，而边郡戍卒却只有八缕布御寒，平民百姓则破衣烂衫也难保了。

高度发展的纺织业，带来社会经济的繁荣，不仅内地市场大量交易，而且远销边境少数民族地区，加强了民族间的经济往来，甚至朝鲜、蒙古、印度、中亚、欧洲都有商人贩运中国丝绸织物。

三国两晋南北朝时期的纺织

魏晋南北朝时期丝织品仍然是以经锦为主，花纹则以禽兽纹为特色。1959年新疆和高昌国吐鲁番墓群中出土有方格兽纹锦、夔纹锦、树纹锦以及禽兽纹锦等等。

秦汉以后，长江流域进一步被开发，三国时吴国孙权对蚕桑相当支持和重视。孙权曾颁布"禁止蚕织时以役事扰民"的诏令，可知吴国桑蚕生产已

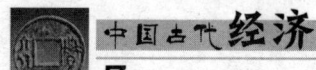

经具有相当的规模。但与魏、吴相比，蜀地的织锦业更为发达，古蜀地有着悠久的蚕桑丝绸业历史。到三国时，刘备在蜀地立都，诸葛亮率兵征服苗地时，曾到过大小铜仁江。那时流行瘟疫，男女老少身上相继长满痘疤，诸葛亮知道后派人送去大量丝绸给病人做衣服被褥，以防痘疤破裂后感染，使许多人恢复了健康，蜀军也因此赢得了苗族人民的心。而且诸葛亮还亲自送给当地人民织锦的纹样，并向苗民传授织锦技术，鼓励当地百姓缥丝织锦，栽桑养蚕。苗民在吸收蜀锦优点的基础上，织成五彩绒锦，后人为纪念诸葛亮的功绩，将之称为"武侯锦"。

知识链接

提花机的发明

陈宝光妻，女。西汉昭帝、宣帝时织绫艺人。佚名。钜鹿（今河北平乡）人。《西京杂记》记载："霍光妻遗淳于衍蒲桃锦二十四匹，散花绫二十五匹。绫出钜鹿陈宝光家。宝光妻传其法，霍光召入其第，使作之。机用一百二十蹑，六十日成一匹，匹值万钱。"这段话的意思是说汉昭帝时巨鹿纺织大户陈宝光之妻创造的高级提花机，具有120蹑，须60天织成一匹，以蒲桃锦、散花绫著称，一匹值万钱。临邑锦、襄邑锦、蜀锦匹价也在两千钱以上。这一传说反映了西汉时中原地区丝织技术的水平。

繁荣发展的隋唐纺织业

隋朝统一全国后，获得了恢复和发展生产的和平环境。由于农业生产的迅速恢复与发展，手工业也日益发展起来，特别是纺织业更有突出的进步。当时河北、河南、四川、山东一带是纺织的主要地区，所产绫、锦、绢等纺织物品非常精良。隋代初年杨坚提倡节俭，但到隋炀帝时风气大变。隋炀帝

第四章 先进的手工业

杨广是历史上著名的荒唐奢侈的皇帝。他竟奢侈地做到了"宫树秋冬凋落，则剪彩为华"的地步，不过这种荒唐奢侈的举动在一定程度上也说明了隋代丝织物大量生产的情况。

据《隋书·地理志》记载，当时"梁州产绫锦，青州产织绣，荆、扬州纺绩最盛"。南昌、苏州的纺织业也发展起来，"豫章之俗，颇同吴中，一年蚕四五熟，勤于纺绩。亦有夜浣纱而旦成布者，俗呼鸡鸣布"，可见生产能力已相当高。织物组织之精巧，《隋书·何稠传》有记载："波斯尝献金绵锦袍，组织殊丽，上命稠为之，稠锦即成，逾所献者。"说明纺织技艺已臻完善。当时越州进贡的耀光绫，"绫纹突起，时有光彩"，并不亚于波斯金锦，比何稠纺制的金锦也不逊色。在新疆吐鲁番阿斯塔那出土的隋代纺织品中，有彩条锦、棋格锦、连珠花锦、连珠圈环团花绮、连珠套环菱纹绮等，都反映了隋唐纺织高度发展的工艺成就。

唐代的丝织业也有很高的成就。唐代特别是唐太宗时期，经济文化极为繁荣。官营手工业有着整套的严密组织系统，作坊分工精细复杂，规模十分庞大。在我国封建社会的长期历史中，唐代的确可以算得上经济发展中的高峰期，而且从纺织角度看也的确如此，当时江南有些地区甚至以"产业论蚕议"，也就是以养蚕的多少来衡量人们家产的丰富程度。正是在这种条件下，唐代的纺织业迅速发展并且取得了高度成就，此后中国纺织机械日趋完善，大大促进了纺织业的发展。

据《册府元龟》记载，天宝八年（749年）朝廷所收贡赋，仅纺织品一项，即绢740多万匹，绵185万屯，布1605万端。这在仅有约计5000万人口、几百万户的隋唐时代，可以说是相当庞大的数字。这一方面反映当时社会生产之繁荣，另一方面也表明经济实力之强大。

在历史文献中，李肇《国史补》中说，唐代"亳州出轻纱，举之若无，裁以为衣，真若烟霞""宣州以兔毛为褐，亚于锦绮，复有染丝织者尤妙。故时人以为兔褐，真不如假

新疆出土的唐代联珠双马纹锦

也"。以上说明当时已掌握毛丝混纺的技术，所织产品是非常精良而名贵的。尤其在中唐以后，吴越地区每年向朝廷进贡的缭绫，更是一种精细纺织品，白居易在乐府诗《缭绫》中十分生动地描绘说："缭绫缭绫何所似，不似罗绡与纨绮；应似天台山上明月前，四十五尺瀑布泉。中有文章又奇绝，地铺白烟花簇雪""织为云外秋雁行，染作江南春水色""异彩奇文相隐映，转侧看花花不定"。由此可见隋唐织物的高雅质地与奇绝技艺之一斑。

唐代发明的纬线提花织锦技术，是我国纺织工艺的重大进步，使锦纹配色图案更加丰富多彩。新疆吐鲁番唐墓曾出土一件女性舞俑短衫，为双

新疆阿拉尔出土的北宋灵鹫纹锦

面锦剪裁制成。锦地呈沉香色显白色变体方胜四叶纹图案，为二层平纹织物交织而成。表明当时的织造技术水平已达到高度成熟的地步。特别是创始于隋唐时代的缂丝技艺，其通经断纬后缂丝托起的纹样轮廓，表里无异，正反无别，宛如刀工镂刻一般，惟妙惟肖，精美绝伦，给人以立体感，可谓风格独具。缂丝织品的高超技艺令人叹为观止。

隋唐时期，织物花色纹样十分丰富，诸如雁衔绶带、鹊衔瑞草、鹤衔方胜、盘龙、对凤、麒麟、天马、孔雀、仙鹤、灵芝、花草、万字以及折枝散花等多有所见。据《册府元龟》记载，代宗曾下诏节约，敕书指出："所织大张锦、软锦、瑞锦、透背、大祠锦、褐凿锦、独窠、连窠、文长四尺幅独窠吴绫、独窠司马绫……及常行文字绫锦、花中蟠龙、对凤等等，并宜禁断。"说明织物纹样繁缛之费工费时，已达到官府禁限之地步。

隋唐织物图案花纹以布局均衡对称见长，正是中华文化显著特征。而质朴中显现婉媚，更是华夏审美的不懈追求。如新疆出土的隋唐联珠双马纹锦、联珠孔雀贵字纹锦、花树双羊纹锦、瑞鹿团花锦等，大多上下相衔，左右对称，呈连绵不断回环之状，给人以时空无尽的审美享受。

宋元纺织技艺的创新

　　北宋的统一，结束了五代十国分裂割据的混乱局面，迎来了比较安定的生产环境和休养生息的宝贵时间。为了恢复和发展生产，繁荣社会经济，满足封建统治者巨大的物质需求，北宋建立后，实行奖励耕织的政策。诏命官吏"分诣诸道申劝课桑""专领农田水利"，鼓励垦荒拓田，对增植桑柘的农民，不予加税；要求各地"严限田，抑游手，务农桑"，诏郡县长吏"劝农桑，抑末作，戒苛扰"（见魏光寿《蚕桑粹编》），桑蚕耕织得到迅速发展。当时的官府设有专司染织的绫锦院、文思院、内染院、裁造院、文绣院并各地锦院、绣局、织罗务等，雇用大量工匠，还在成都等地设转运司、茶马司，推动着与边远少数民族间的贸易交流，使官营、民营和家庭个体纺织业蓬蓬勃勃。两宋染织生产的规模、产量、技艺都较隋唐有飞跃的发展。

　　宋朝初期不断实施了一些恢复和发展生产的政策，因此纺织业得到高度的发展，并且已经发展到全国各地，而且重心向江浙渐渐南移。当时的丝织品中尤以绮绫和花螺为最多。宋代出土的各种罗纺织的衣物有二百余件，其螺纹组织结构有四经绞、三经绞、两经绞的素罗，有斜纹、浮纹、起平纹、变化斜纹等组成的各种花卉纹花罗，还有粗细纬相间的落花流水提花罗，等等。绮绫的花纹则以芍药、牡丹、月季芙蓉、菊花等为主体纹饰。此外还有第一次出土的松竹梅缎。印染品已经发展成为描金、泥金、贴金、印金，加敷彩相结合的多种印花技术。宋代的棉织品得到迅速发展，已取代麻织品而成为大众衣料，松江棉布被誉为"衣被天下"可见其影响的巨大。

　　据文献记载，北宋时仅彩锦就有四十多种，到南宋时达到百余种，并且生产出在缎纹底上织花的织锦缎。所谓"锦上添花"就是借用这种织物以说明事物好上加好的传神之笔。当时，孔雀罗、瓜子罗、菊花罗、春满园罗等都很名贵，镇江和常州生产的云纹罗也驰名天下。四川成都锦院织造的上贡锦、官浩锦、臣缭袄子锦等按官府需要设计不同的纹样图案，如盘球、葵花、云雁、真红、宜男、百合、八达晕、天下乐、簇四金雕等达二十多个品种。为了换取军马，还根据边民爱好而设计花纹图案，织造出适应少数民族需要的各种花式织物达三十多个品种。其中宝照锦、毯路锦、宜男百子锦、瑞草仙鹤锦、如意牡丹锦、大百花孔雀锦、真红樱桃锦、灵鹫纹锦、大缠枝青红被面锦等最为流行。绫、罗、锦、缎、纱、绢、绸，各地织造并广为服用的织物品种琳琅满目，纹样繁多，不胜枚举。

纺织纹样的繁盛发展不仅反映着纺织工艺技巧的娴熟与高超，同时也反映着民族文化的汇聚与融合。董其昌《筠清轩阅录》卷下曾记载，宋元锦样繁多，在大量传统纹样与流行纹样之中，有些冠以特异的纹样称谓，如金国回纹花锦、高丽国白鹫锦、辽国白毛锦等，十分明显地突出了其殊方异域特征。

在纺织工艺方面，深受人们珍爱的缂丝技艺也进入了鼎盛时期。当时北方的定州缂丝生产最为出名，后来逐渐南移，在杭州、松江、苏州一带渐次繁荣发展起来。南宋时运用子母经的缂法，缂制效果十分工丽，丝纹匀细胜于工笔绘画，以致竞相以名人书画作纹本，力求实现书画原作的笔意神韵。一些山水、楼台、人物、花鸟缂丝作品，装裱成挂轴，几可夺丹青之妙，达到惟妙惟肖、宛若天成的艺术境地。

宋元时期，我国的染缬技艺已很盛行，当时嘉定及安亭镇染缬的药斑布，青白相间，可呈现人物、花鸟、诗词等各色图案，以"充衾幔之用"。在西南少数民族，"瑶人以染蓝布为斑，其纹极细。其法以木板二片镂成细花，用以夹布，而熔蜡灌于镂中，而后乃释板取布投诸蓝中，布既受蓝，则煮布以去其蜡，故能受成极细斑花，灿然可观，故夫染斑之法，莫瑶人若也"（周去非《岭外代答》）。这种蜡染技艺以其独特的风格韵味，一直流传至今。

进入宋元以后，我国东南闽粤地区种棉渐盛，并从江南渐次走向中原，棉纺织技术也愈益推广开来。

元时，黄道婆由海南黎族带到长江下游松江一带的棉纺织技术，使松江布名闻遐迩，"衣被天下"。植棉技术的推广与棉纺织技术的普及，使棉布逐渐成为我国人民的常用衣着，较之麻丝织品，以其保暖性好、耐穿耐用、物美价廉而深受广大劳动者的欢迎。由植棉、纺棉而成就五彩缤纷的染织品，给人间带来无尽的亲情与温馨，也使社会走向更高度的文明和更广泛的繁荣。

元代对纺织业实行严格控制和残酷榨取，使纺织业发展十分艰难，封建经济和文化陷入了衰敝状态，对中国社会发展起了严重的阻滞作用，而且显示了一种历史的倒退现象。元代纺织业主要是官营手工业，就生产规模和生产过程的分工协作程度来说，比起南宋来，有所发展。纺织手工业有杭州织染局、绣局、罗局、建康织染局，等等。元代纺织品以织金锦最负盛名，产品极其富丽堂皇。当时的丝织品以湖州所产最为优良，品种有水锦、绮绣等。

第四章　先进的手工业

知识链接

诸葛亮与武侯锦

武侯锦色泽艳丽，万紫千红，苗民每逢赶集都要带到集市交易，人们竞相抢购。它很快流传到其他地区，如现在的侗锦，又称"诸葛锦"，其花纹繁复华丽，质地精美。蜀锦成为当时最畅销的丝织品，蜀国用它来搞外交，即以蜀锦作为其联吴拒曹的工具。据当时一些书籍记载，蜀锦不仅花样繁多，而且色泽鲜艳。不易褪色。笔记小说《茅亭客话》中记有一个官员在成都做官时，曾将蜀锦与从苏杭买来的绫罗绸缎放在一起染成大红色，几年后到京城为官，发现蜀锦则色泽如新，而绞绸缎的红色已褪，于是蜀锦在京城名声更噪。这些都足以说明当时蜀锦以其艳丽的花纹和精良的质地赢得了各地人们的喜爱，也足以证明当时织锦技术的高超及其对后世的影响。

神州遍地植棉桑

明清统治者深知发展生产对于稳定秩序，巩固政权的重要性，所以总是积极采取鼓励生产、移民垦田的政策，甚至官府发放农具、种子，推动农桑。

明洪武年间，曾颁令北方诸郡，凡荒芜田地，召乡民无田者垦辟，所为己业。并规定新垦田地，不论多寡，俱不课税。同时，大力兴修水利，建仓储粮，防灾备荒。官府敕令桑棉，不仅按田亩规定种植棉麻桑蚕数量，每户种桑株数，还要求屯田军士每人种桑百株，并对天下百姓教以桑枣和棉花种植之法。由于农桑为百姓衣食之本，官府考课地方官吏，规定必须报告农桑成绩，违者降罚，故有"畦桑有增不可减，准备上司来计点"（刘基《畦桑词》）之说。

在官府的大力推广之下，明清之际的棉花种植从南到北、从西到东大范围扩展。据徐光启的《农政全书》记载，棉花种植"至我国朝，其种乃遍布于天下，地无南北皆宜之，人无贫富皆赖之，其种视丝枲盖百倍焉"。

明代自建国起就重视棉、桑、麻的种植。到明代中后期，官吏甚至躬行化民。由于明政府的重视，使得桑、棉、麻的种植遍及全国，从而为纺织业的发展提供了源源不断的原材料。同时，明政府还设置了从中央到地方的染织管理机构。这样使明代纺织业形成了规模化、专业化的局面，促进了纺织业的迅猛发展，形成了许多著名的纺织中心，出现了新的纺织品种与工艺。当时丝纺织生产的著名地区为江南，主要集中在苏州、杭州、盛泽镇等地。苏杭、南京都是官府织造业的中心。盛泽镇就是在丝织业发展的基础上新兴的。此外还有山西、四川、山东也都是丝织业比较发达的地区。明代丝织类型基本上承袭了以前各朝，主要有绫、罗、绸、缎等。四川蜀锦、山东柞绸都是本地区的名品。到了明代，棉花的种植遍及全国各地，而且在棉植业普及、棉织技术提高的前提下，棉织业成为全国各地重要的手工行业之一。随着明代棉纺织业的不断发展，到明代中后期，棉布成为人们衣着的普遍原料，这也是明代经济生活中一个大的变化。另外，葛、麻、毛织业在明代纺织业中仍占有一席之地。印染业经过数千年的实践，到了明代，也已积累了丰富的经验，为明代纺织业的发展创造了有利的条件。总之，明代纺织业较之前有了飞跃性的发展，并且有显著的特点，它给明代的社会、经济生活带来重大变化。

清初，统治者为恢复封建经济来稳定它对全国的统治，大力恢复纺织手工业。清代的棉花种植几乎遍布全国各地，蚕桑的生产也大量发展，它们都成为农民经济生活中重要的生产事业。乾隆以来至嘉庆年间，由于关内农民的贫困破产，流亡农民不断冲破统治者的禁令而移入东北。自从山东劳动人民创造了人工放养蚕的技术，人工放养就逐渐从山东推广到全国各地。总之，纺织业得到了飞速发展。当然，清代对纺织业的控制和掠夺，也严重阻滞了纺织业资本主义生产的发展。清朝统治者一开始就剥削江南纺织业，他们以政治权力强制机户为其劳动，设置江南织造就是为了控制民间纺织业的发展，官营织造业凭借它的封建特权，通过使用政治手段对民间纺织业加以各种限制和控制。如限制机张、控制机户，以及其他封建义务的履行，这些都对江南纺织业的发展发生了阻滞、摧残和破坏的作用。清初为控制民间丝织业的发展，曾在"抑兼并"的借口下，加以种种限制。规定"机户不得逾百张，张纳税五十金"。而事实上获得批准常常是要付出巨大的贿赂代价，这种严格的限制和苛重的税金，实际上起着阻碍、限制丝织业发展的作用。康熙时，曹寅任织造，机户联合起来行使了大量的贿赂，请求曹寅转奏康熙，才免除了这种限制的"额税"，江南丝织业才得到进一步发展。

第四章 先进的手工业

清代苏州织造局比明代时生产规模大大地发展了。清代官营手工业的生产规模确实很大，房舍动辄数百间，每一处设有各种类型的织机 600 张，多时至 800 张，近两千名的机匠，另外还有各种技艺高超的工匠 200 多人，多时达 700 多人，这些工匠中又有各种专门化的分工。清代的官营织造手工业无论存体制和规模上都比明代有所发展。清纺织品以江南三织造乍产的贡品技艺最高，其中各种花纹冈案的妆花纱、妆花罗、妆花锦、妆花缎等富有特色，还有富于民族传统特色的蜀锦、宋锦。

日益发展的纺织业

棉桑的广泛种植给纺织业提供了充足的生产原料，大大促进了官府、民间纺织业的发展，使明清纺织物不仅产量激增，而且品种繁多、质量精良、技艺纯熟。

明清时代，官府纺织业分属中央与地方两级管理。中央设内府监，专管皇室及宫廷织造，供应御用织物及官宦服用，又称内织染局。据明史记载，内织染局在北京、南京、苏州等地设有庞大的工场，委派专职官吏掌管，素有"北局""南局"之称。南京内织染局专织宫廷各色绢布及文武百官诰敕，有织机 300 多张，匠人 3000 余名。仅司礼监礼帛堂，就有织机 40 张，匠人近千名，专门织造祭祀用神帛。苏州织造局之机杼，明代有 173 张，场房 245 间，各色匠人近 700 人；及至清代，织机达到 800 多张，机匠 2600 余人，年派造织物从十几万匹跃升到几十万匹。

内府各监局役使匠户 23 万多家，各种专门染织匠人有绦匠、绣匠、毡匠、毯匠、染匠、织匠、锦匠、络丝匠、络纬匠、挽花匠、腰机匠、攒丝匠、绵花匠、挑花匠、刻丝匠、织罗匠、神帛匠、花毡匠、驼毛匠、缉麻匠、弹棉花匠、纺棉花匠、捻绵丝匠、三梭布匠等不下几十种之多。织染局遍布各地，星罗棋布于国中，构成庞大的官府染织管理机构。

民间纺织业，在几千年自给自足的

清代绿地牡丹织银缎

家庭手工机械纺织基础上，到明清时已明显地出现专业机户和较大规模的染织作坊。许多能工巧匠在定期官府供役之后，有了一定的人身自由和生产自主。他们以娴熟的染织技能生产出精美的纺织品，拿到市场上出售。他们的高超技艺又带动城乡家庭纺织生产的发展，形成一批具有相当实力的染织作坊。这种工场式的作坊用技术娴熟的匠人，实行相当细密的分工，逐渐积累起雄厚的资本。工场主占有场房、机具、原料，雇用他人劳动，成为封建制度下资本主义生产方式的萌芽。

手工机械纺织发展到明清时期，举国上下，从南到北，从西到东，机杼之声终年不断，纺织技术老熟，深入普及，带来纺织业的繁荣兴旺，一个走向新的更高的生产方式的时代正在悄悄来临。

明清之际纺织业的发展成熟，使绸缎庄、棉布店遍布城乡，店铺展销的纺织品种类繁多、琳琅满目，绫、罗、绸、缎、棉、绢、布、帛、纱、纻、丝应有尽有，而且每类又分若干品种。如罗，就有花罗、素罗、刀罗、秋罗、软罗、硬罗、河西罗等；绸有线绸、棉绸、丝绸、绉绸、纹绸、春绸、素绸、花绸、濮绸、笼绸、水绸、纺丝绸、杜织绸、绫机绸、绫地花绸等；棉布则有标布、刮白布、官机布、缣丝布、药斑布、棋花布、斜纹布、浆纱布、龙墩布等；葛麻类有葛布、苎布、蕉布、青麻布、黄麻布等；毛织品有毡毯、帽袜、驼褐、毛褐、毡衫等，纺织物品种之繁多，不胜枚举。

货架充盈、品类齐全的纺织品，在解决人们衣被鞋帽保暖御寒之外，用于居室则成窗帘、床幔；用于厅堂则成壁布、台布；用于铺地则有毛毡、地毯；用于车轿则成帷幔、蓬布；用于其他则如旌幡伞盖帆，或制成绫扇、绢画、巾帕、妆花等，无须裁红剪翠，顿可蓬荜生辉。品类繁多的纺织品大大地丰富了人们的物质生活和文化生活。

及至清朝末年，洋务运动下新兴的以蒸汽机为动力的纺织工业，成为民族工业的先驱，更加先进的生产力势不可当地与君主专制下的旧生产关系发生激烈的冲突。

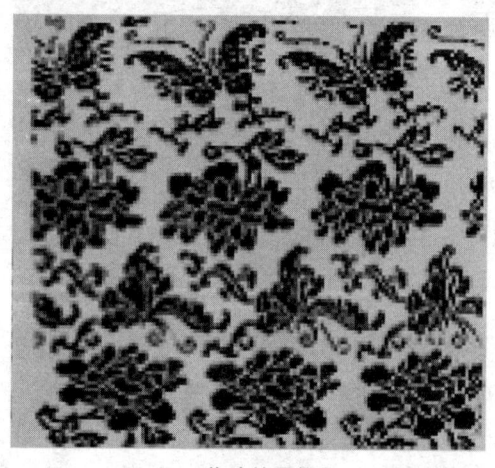

蓝地牡丹锻

知识链接

染坊的行业祖师

染坊供奉梅福、葛洪为行业祖师，两人合称"梅葛二圣""梅葛二仙"等，永安染匠尊其为"染布缸神"。梅福为西汉末年人，曾任南昌尉，后出家修道炼丹，宋元丰年间被神宗赵顼封为"寿春真人"。葛洪为东晋著名道士、医学家和炼丹术家，著有《抱朴子》一书，内详载各种炼丹方技。民间传说，梅葛二仙曾化作跛脚行乞。为感恩于一对青年夫妇的施舍，他俩在酒足饭饱之后唱道："我有一棵草，染衣蓝如宝；穿得花花烂，颜色依然好。"两人手舞足蹈、边唱边跳，周围瞬间长出许多小草。青年夫妻听闻草能染衣，便割了几筐放在缸里，过了数日仍不见动静。不久，两位跛脚汉又来借宿喝酒。临走时把剩酒和残汤全倒入缸内，顿时缸水全变成蓝色。二仙告诉说："水蓝是蓝靛草变的，染衣可永不变色。"小两口高兴地用它来为乡亲染布。此后，人世间便出现了染布业。该行在每年的农历九月九日，即"梅葛二圣"的诞辰，都要举行祭典。

第三节 享誉世界的陶瓷业

我们的祖先很早就开始烧制陶器，是世界上最早发明瓷器的国家。中国陶瓷业的产生、发展源于生活，为生活服务，实现了实用性和观赏性的统一，

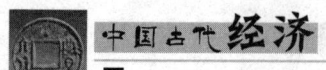

同时又是对外交往中的重要物品，为我国经济的发展和对外经济文化交流做出了贡献。

先秦两汉时期的陶瓷业

我国古代制瓷业源于新石器时代出现的陶器，商代出现的刻纹白陶和薄壳白陶，虽然胎与釉结合不牢，但为瓷器的发明奠定了基础，被视为原始瓷器。

商代以后，出现了用高岭土烧制的原始青瓷，由于瓷器在质量及使用寿命上均优于陶器，因此获得了迅速的发展。这些青瓷加工精细，胎质坚

原始青瓷镂孔兽纹熏

硬，不吸水，表面施有一层青色玻璃质釉。这种高水平的制瓷技术，标志着中国瓷器生产已进入一个新时代。

到汉代，原始青瓷发展到成熟期。据在浙江地区的绍兴、上虞一带考古发现，汉代早期青瓷的质量明显提高，釉层厚而光润，但还只在肩部和上腹部分施釉。到东汉晚期，制瓷技术又有提高，在中国历史博物馆保存的一件东汉高足瓷碗，器形规整，胎坚质细，釉薄均匀，色淡灰白，代表了汉代瓷器的发展成就。

魏晋隋唐时期的陶瓷业

魏晋南北朝时期是我国瓷器生产的跃进时期，制瓷区域从南方扩大到北方，制出的瓷器质高、量大、种类齐全，装饰丰富多彩。这一时期制瓷工艺的突出成就是东晋以后发明了釉下挂彩的技艺。该时期的青瓷装饰多用刻画、模印、贴、堆塑、镂引、施彩等工艺，内容有图案、花草、动物、人物、建筑等。1985年，南京一座三国吴墓出土了一批青瓷，其中一件刻有吴"甘露元年五月制"的熊灯，一只熊蹲在灯盘内，头顶灯盏，两前爪扶头，形象生动，造型美观。在河北景县北朝封氏墓出土的莲花尊，器形高大，满身凸雕仰复莲花瓣，腹部及足部莲瓣尖端高翘，整个器形像两

第四章　先进的手工业

朵上下相对的莲花，雄伟奇特，是北方瓷器中的精品。另外，在北朝晚期已出现了白釉或淡黄釉挂淡绿色的瓷器，预示着瓷器装饰方面将发生重大变革。北朝时，我国已成功地烧制出白瓷。在河南安阳北齐范粹墓出土的一批白瓷是目前发现最早的白瓷，釉色浮白，薄而透明。烧造白瓷要比青瓷复杂得多。青瓷因为釉料中含有铁的成分，烧成后釉色青绿；而白瓷的瓷土含铁的成分不能超过百分之一，否则颜色就会很重。因此，要烧出白瓷，就必须把瓷土中铁的成分提炼出去，含量控制在百分之一以下。可见，当时的制瓷技艺确实很高了。

隋唐是我国瓷器生产的繁荣时期，尤其是唐代，手工业发达，瓷器生产有较大发展，技术更加纯熟，制瓷业已成为一个独立的生产部门，瓷器成为人们日常生活中不可缺少的用品。

隋代瓷窑分布很广，有的窑场规模很大。瓷器品种增加，器形多样，部分代替了金、银、铜、陶等生活用具。隋瓷的硬度和釉色的洁净，都超越前代。烧造的白瓷色调比较稳定，白度较高。在考古发掘的隋朝李静训、姬威墓中，都发现了白瓷器皿，如鸡冠壶、双龙把手瓶和双耳扁壶等，不仅质地坚硬，色泽晶莹，且造型美观。当时还发明了白色护胎釉的工艺，即用白净细腻、含铁成分少或不含铁的瓷土配成护胎釉，在瓷胎上釉前，先在胎体上施一层护胎釉，可以克服胎体粗糙的缺点，掩盖胎料的杂质，使白色瓷的白度稳定，釉色更加光亮。隋唐时还出现彩绘，在河南安阳隋代张盛墓中出土的两件白瓷文官俑，帽子、头发、眉毛、胡须、剑鞘、腰带等，都是用黑彩点画的。

唐代的青瓷以越窑的名声最大，有"类玉""私冰"之称，畅销国内外。白瓷烧造已相当完善，以邢窑最负盛名，"天下无贵贱通用之"。江西景德镇、四川大邑的白瓷也名列前茅，存景德镇梅亭出土的唐代白碗已接近现代高级细瓷的标准。唐代大诗人杜甫曾写诗称赞大邑白瓷："大邑烧瓷轻且坚，扣如哀玉锦城传，君家白碗胜霜雪，急送茅斋也可怜。"除青瓷、白瓷外，有的地方还出现了黑釉、褐釉，或在青釉器物上多次施呈色不同的釉，烧出的彩霞、浮云、树叶、花朵形状的彩斑，庄重华美。特别是唐代晚期，在长沙铜官窑创造性地烧出了釉下褐绿彩斑组成或绘成的花鸟、人物故事、题诗、图案的彩瓷，并大量使用模印、贴花工艺，丰富了瓷器的装饰。而介于陶、瓷之间的唐三彩更是古代艺术精品，深受人们的喜爱。

宋元时期的陶瓷业

　　宋代瓷器，在胎质、釉料和制作技术等方面，又有了新的提高，烧瓷技术达到完全成熟的程度。在工艺技术上，有了明确的分工，是我国瓷器发展的一个重要阶段。宋代闻名中外的名窑很多，耀州窑、磁州窑、景德镇窑、龙泉窑、越窑、建窑以及被称为宋代五大名窑的汝、官、哥、钧、定等，所出产品都有它们自己独特的风格。耀州窑（陕西铜川）产品精美，胎骨很薄，釉层匀净。磁州窑（河北峰峰矿区彭城镇）以磁石泥为坯，所以瓷器又称为磁器。磁州窑多生产白瓷黑花的瓷器。景德镇窑的产品质薄色润，光致精美，白度和透光度之高被推为宋瓷的代表作品之一。龙泉窑的产品多为粉青或翠青，釉色美丽光亮。越窑烧制的瓷器胎薄，精巧细致，光泽美观；建窑所生产的黑瓷是宋代名瓷之一，黑釉光亮如漆。汝窑为宋代五大名窑之冠，瓷器釉色以淡青为主色，色清润。官窑是否存在一直是人们争议的问题，一般学者认为，官窑就是汴京官窑，窑设于汴京，为宫廷烧制瓷器。哥窑在何处烧造也一直是人们争议的问题。根据各方面资料的分析，哥窑烧造地点最大的可能是与北宋官窑在一起。钧窑烧造的彩色瓷器较多，以胭脂红最好，葱绿及墨色的瓷器也不错。定窑生产的瓷器胎细，质薄而有光泽，瓷色滋润，白釉似粉，称粉定或白定。

　　元代制瓷业在宋代的基础上进一步发展，尤其是青花瓷最为有名。我国古代陶瓷器釉彩的发展，是从无釉到有釉，又由单色釉到多色釉，然后再由釉下彩到釉上彩，并逐步发展成釉下与釉上合绘的五彩、斗彩。

明清时期的陶瓷业

　　明代制瓷的重要成就主要是彩瓷方面技术的进步。青花是明代瓷器生产的主流，产量、品种之多，制作之精都大大超过前代。上海博物馆收藏的一件带"大明成化年制"的孔雀绿釉青花鱼莲纹盘，烧制方法特殊：它是在青料绘成图案后，不加白釉即行烧制，烧成后再施绿釉，经低温焙烧，其釉色与孔雀羽毛的翠绿色相似，极为罕见。成化年间出现的斗彩瓷，是在瓷胎上先用青料绘出花纹的轮廓，加上白釉烧成后，再在釉上按青花的轮廓填绘红、黄、绿、紫等彩，加以烘烧。这种釉下青花和釉上多彩结合在一起，相互辉映，争妍斗艳，故称"斗彩"。嘉靖、万历年间，又在斗彩的基础上，烧成五彩瓷。其制法是：用多种彩色直接在烧成的瓷器上描绘花纹，再经烘烧而成。花纹颜色鲜明，对比强烈，光彩夺目。

清代的瓷器，是在明代取得卓越成就的基础上进一步发展起来的，制瓷技术达到了辉煌的境界。康熙时的素三彩、五彩，雍正、乾隆时的粉彩、珐琅彩都是闻名中外的精品。粉彩是在烧成的素釉瓷上用掺有铅粉的色料绘画，烘烧后，颜色深浅不同，浓淡协调，绚丽可爱。珐琅彩是用油画的技法，用化学方法精炼配制的珐琅彩料在瓷器上作画。由于珐琅彩料烧制前后颜色完全一样，因此便于彩绘，烧造后的画面瑰丽精美，有立体感。这种彩瓷因成本较高，都是为皇室特制，传世很少。

素三彩

古代中国瓷器是炎黄子孙对世界文明做出的伟大贡献之一。

第四节
技术高超的冶金业

青铜制造业发展概述

青铜是人类历史上的一项伟大发明，它是红铜和锡、铅的合金，也是金属冶铸史上最早的合金。青铜发明后，立刻盛行起来，从此人类历史也就进入新的阶段——青铜时代。

冶铁业与炼钢业

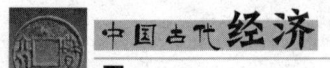

在农业文明时代，冶铁业的发展是生产力进步的明显标志，它有力地推动着社会的变革和进步。中国很早就掌握了冶铁制钢的技术，是首先使用铸铁和用生铁炼钢的文明古国，在钢铁冶炼技术上有着悠久而灿烂的历史。

早在距今 2500 年前的春秋战国之交，中国人就已能生产和使用铁器。人类早期从矿石中炼得的通常是"块炼铁"。这是在 800℃～1000℃ 的高温条件下，由木炭还原直接得到的一种含有大量非金属夹杂的海绵状的固体铁块，需要经过锻造除渣成型。而生铁则是在 1150℃～1300℃ 的更高温度条件下冶炼出来的，出炉的时候产品呈液态，非金属夹杂少，可连续生产，也可浇铸成型，生产效率和质量都大大优于块炼铁。国外很早就可以生产"块炼铁"，但一直到 14 世纪末、15 世纪初才能生产液态的可铸成型的生铁。从文物中已证实，中国的近代炼铁时间虽比国外晚，但已出土的春秋、战国之交的铁器，不少却是生铁铸成的。如江苏六合程桥出土的春秋晚期的一件铁块经分析是中国出土的最早的生铁实物，也可以说是世界上出土最早的生铁实物。我国出土的战国早期铁器，也多是生铁的。出土的战国中晚期生产工具，如铁钁头、铁锄、铁镰、铁口犁等，也大多是铸铁经过热处理的，块炼铁较少。这说明中国在战国时期冶铸生铁的技术已在世界遥遥领先。究其原因，可能是因为中国劳动人民继承了中国高超的青铜冶铸技术，有了较强力的鼓风系统（皮囊），对原料经过一定的选矿处理，并较早地发明了较高的竖炉。

中国早在春秋战国时就有冶炼、铸造并使用生铁的历史，这已被大量出土文物所证明。如河南辉县固围村的战国墓中，就出土过铁锄、铁斧等农具、工具 90 余件。而且从古籍中，也不断可找到当时已进入铁器时代的记载。1953 年长沙出土的战国楚竹简，就有"铁箕一十二箕"的简文。《荀子·议兵篇》说："宛巨铁，惨若蜂虿"。《孟子·滕文公》也记载过孟轲对许行的问话："许子以釜甑，以铁耕乎？"中国史学家、文学家司马迁在《太史公自序》中述说自己的身世时，也谈到过他祖父的祖父司马昌，在战国时"为秦主铁官"，说明那时秦国已任命专门的官职来掌管官营的炼铁生产。司马迁还在《史记·货殖列传》中记述了战国晚期中国炼铁业的盛况和几个有名的炼铁巨子。他说当时中国"铜铁则千里，往往山出棋置"，意思是铜铁之山在千里之内，如棋子一般分布着。他记载的炼铁巨商大贾有：邯郸的郭纵、蜀的卓氏、临邛的程郑、南阳的孔氏、鲁的曹邴氏等人。如说，"邯郸郭纵以铁冶成业，与王者埒富"；又说，"蜀卓氏之先，赵人也，用铁冶富"。秦破赵后，卓氏被迁徙到四川临邛（即邛崃）后，"即铁山鼓铸，运筹策，倾滇蜀之民，富至僮千人。田池射猎之乐，拟于人君"。可见卓氏当时已是一个善于筹划管理冶铁业的巨子，他就是西汉著名文学家司马相如的夫人卓文君的祖先。至于程郑，也是从山东迁居临邛冶铸的，富埒卓氏。而南阳的孔氏、山东的曹邴氏，都是因铁冶而富至巨万的。由这些人冶铁积累财富的规模，可见战国晚期中国冶铸业的盛况。

到了汉代，中国冶铁业实行官营，冶炼技术和炼铁点的分布，都有了很大的发展。据《汉书·地理志》记载，汉武帝时（119年）已在全国设立了48个铁官，下面设有炼铁场。48个铁官分布在当时黄河上下和长江南北的39个郡内，区域辽阔，足见汉武帝时炼铁规模之宏大。汉武帝时还起用过南阳孔氏后代孔谨，以及桑弘羊等人当大司农，主管全国铁官的生产。著名的《盐铁论》就是记载桑弘羊同诸贤良辩论当时盐铁政策的著作。已经发掘的河南汉代冶铁遗址，占地约6万平方米，有2座炼铁炉的遗迹，每座炉缸面积8.5平方米，残留积铁重达20余吨。

汉代在冶铁、铸铁的同时，还发展了制钢技术和锻钢技术，到东汉末年成为有名的"百炼钢"技术。百炼钢技术是中国古代的一种锻钢工艺，其主要特点是将生铁熔化炒炼脱碳成钢。再经过反复加热锻打成钢刀。反复折叠锻打，可以去除夹杂，细化晶粒，致密组织，提高韧性。所谓百炼，是形容其锻打次数之多。这种炼钢技术在东汉时不断提高，到2世纪末叶，正式出现了"百炼"之称。1961年，日本大和栎本东大寺古墓曾出土过一把中国东汉中平年间（184—189）的钢刀，上有错金铭文"百练清刚"等字，"练"即"炼"，"刚"即"钢"。1974年，山东临沂地区苍山县还出土过一把三十炼的钢刀，上有错金铭文"卅炼大刀"，是东汉永初六年（112年）造的，刀长111.5厘米。经化验，钢的组织较均匀，含碳量较高（0.6%~0.7%），刃部经过淬火。这说明东汉时期中国就掌握了比较高的生铁炼钢和锻造技术，热处理技术也达到一定的水平。东汉时，南阳太守杜诗还推行了以水力代替人力鼓风（公元31年后）的方法，用来炼铁并铸造农器，这也推动了钢铁生产技术的发展。《后汉书》说：杜诗"造水排铸造农器，用力少，见功多，百姓便之"。

到三国和晋朝时，百炼钢技术比较成熟，曹植在《宝刀赋》中称赞这种百炼钢刀可以"陆斩犀革，水断龙舟"。曹操、孙权、刘备为了争夺中原，争相炼制这类钢刀和钢剑。百炼钢的原料主要是"炒钢"。"炒钢"的原料是生铁。这种技术发展于西汉末年，是将生铁加热到液态并不断地加以搅拌，靠鼓风或加入精矿粉，使铁中的碳氧化，将含碳量降到钢的成分范围。上述三十炼的苍山钢刀就是炒钢炼出来的。炒钢的工艺过程是先炼生铁后炼钢，这是近代两步炼钢法的开始，在炼钢技术上具有划时代的意义。18世纪英国发明了炒钢，马克思曾给予很高的评价，说不管怎么赞许也不会夸大这一创造的重要意义。

南北朝以后，中国推广了"灌钢"和"苏钢"的技术。"灌钢"是由生铁和熟铁在一起冶炼而成的，可以用作刀剑的锋刃，是一种含碳量较高和质量较好的钢。生铁中含碳高，而熟铁中含碳低，为得到预期的灌钢成分，可以根据产品需要来改变生铁和熟铁之间的配比。据文献记载，北朝（550年左右）的綦母怀文，把生铁烧化，浇到叫"柔铤"的熟铁料上，就可以炼成灌钢，再淬火处理，可作刀镰。"灌钢"的进一步发展，就是"苏钢"，即在鼓风高温（1300℃）条件下，将生铁水均匀滴到软化的料铁上，不断翻动料铁，使之剧烈氧化，然后将料铁锤击，除去夹杂。中国古代生铁的冶炼和铸造，以及炒钢、灌钢、苏钢等技术的发展，在明末宋应星的《天工开物》一书中有较详尽的描述。这些技术成就，对中国古代社会和中华民族的发展，对提高社会生产力，曾起了重要的推动作用。

唐宋元时期冶金业的繁荣可以从采冶地区的扩大、产量的提高、生产品种增加和大型铸件等方面反映出来。《新唐书·食货志》记载唐前期有坑冶168处，计银冶58处，铜冶96处，铁山5处，锡山2处，铅山4处。实际民间采铁并不限于五山，史书零星记载产铁地点不下百余处。宋代冶金业有重大发展。北宋初各路主管矿冶的机构，监、冶、场、务有201处，到北宋中期增至271处。利国监（今江苏徐州东北）是当时最大产铁中心，有36冶，每冶工百余人。莱芜监（今山东莱芜东南）有铁冶18所，冶工1800余人。磁州（今河北磁县）亦有冶铁中心，并以产钢出名。宋代已较广泛用煤炼铁，又推广了用胆水从铁中提取铜的技术。铜冶也扩大规模。广东岭水铜场有10万人从事开采。元代较大的冶铁中心有44处。綦阳铁冶有冶户2764户；燕南燕北17处铁冶用工3万余人。

据官方记载：唐元和初每年采铁207万斤，宋皇祐年间官府每年得铁724万斤，元至元十三年（1276年）课铁1600万斤。这些数字虽不能确切反映全

第四章　先进的手工业

国产量，但可说明冶铁量有明显的提高。

这一时期社会经济的发展从多方面促进了冶金业的繁荣。首先，工农业发展需要大量铁工具。元代颍州地区就有每年输铁100多万斤，铸农具20万件供应市场的记载。其次，商品经济发展使货币的需要量猛增，铜、铅、锡等消耗日大。宋代部分地区还行使铁钱。另外，宗教的兴盛，艺术品和建筑装饰的发展也耗用更多的金属。其中一些大型铸件从一个侧面反映了当时的冶铸的新水平。唐武则天时在洛阳铸铜天枢，高105尺，下有铁山围170尺。铸九州鼎，高14尺到18尺，用铜56万多斤。五代时所铸沧州铁狮重10余万斤。宋代在太原晋祠铸有四个大铁人，在正定铸大铜佛高73尺。元代用铁1.6万斤铸铁龟，又铸铜殿长2.7米、阔2.5米。又有一些极为精巧的铸件，如唐代铸造的黄道游仪、北宋铸造的水转浑天仪等。这一时期的金属加工，工艺精湛，嵌镶铜镜技术达到高峰，金银饰品及鎏金器物受到世界赞誉。

沧州铁狮子

明清时期，金、铜、铁、锡、铅、锌的生产规模和产量都比唐宋时期有所增长，并生产白铜（铜镍锌合金）。银两逐步成为主要货币，银产量亦有增长。

明初规定各省的铁产额为1847万斤，高于历史上记载的水平。洪武六年（1373年）在江西、湖广、山东、广东、陕西、山西等省置冶铁所13处，后增设长沙、茶陵2处，永乐时又在四川龙州、湖广武昌、直隶遵化、辽东三卫里置冶铁所。其中著名的是遵化铁厂，明武宗正德六年（1511年）时年产生铁48.6万斤，钢27万斤。明后期，冶铁已用活塞式风箱，并在世界上最早使用焦炭。锌的冶炼臻于完善，可能已使用硫化铜炼铜。清代冶金技术继续有发展。云南铜矿规模宏大，开30余厂，乾隆时年产逾1000万斤。广东铁厂林立，用瓶型大容积高炉，日产铁最高可达6000斤。广东佛山镇以铸锅、炒铁、制铁线铁丝等闻名，产品畅销国内外。陕西南部为新兴冶铁区，设厂于深山老林，亦用大型高炉，并就近制作铁器。炼钢方面，在灌钢基础上发展为苏钢，质量提高。

明清以来，冶金业的规模远远超过前代，并发展了铸造、锻造、有色金属生产和加工技术，向欧洲出口白铜、锌这些当时还算是独特的产品。不过，清代冶金业与欧洲崛起的资本主义近代冶金工业相比，已日渐落后。

第五章

繁盛的商业与贸易

商业、农业、手工业之间互相联系,"无农不稳、无工不富、无商不活"。商业的发展和农业、手工业的进步是古代中国经济发展的必然趋势,随着农业、手工业的发展,商业活动也逐渐兴盛起来。在中国远古时代,已经出现早期的商品交换。至商代,商业已经有了初步发展,自那时起,商人足迹逐渐遍布全国,中国商品沿着海陆两路远销至海外。

中国古代经济
ZHONG GUO GU DAI JING JI

第一节
古代商业发展简史

在商品经济相当发达的今天，提到商业，已是大家都很熟悉的了。可是，到底商业如何产生，又如何发展？不同时期各有什么不同的特点？这一个历史过程却有着一些复杂的内容。要了解其中的情形，得先从商业的"萌芽"和成长的初期谈起。

古代的物物交换

商业是在生产力发展到一定水平，有了社会分工和生产物的剩余之后，才逐渐产生的。其初始的萌芽状态是生产者之间的直接的物物交换，后来才有发展了的交换形式——商业。

最早的交换发生于原始社会。距今六七千年，河南、甘肃、陕西属于早期仰韶文化的村落遗址中都有产于沿海的海贝发现（装饰用），这就是自外地交换而来的物证。当时的交换尚带有偶然性。在至距今5000年的原始社会晚期，畜牧业与种植业分工，手工业（制陶、红铜）也相继与农业分离，交换相应扩大。《易·系辞下》所说的"神农氏作……日中为市，致天下之民，聚天下之货，交易而退，各

回到物物交换的年代

得其所"，即表示交换已较经常，并且有了比较固定的时间和场所。古书中还有"因井为市"的传说，交易常在井旁进行，以便于汲水将货物洗净，供人畜饮用。所以后世常把"市井"连称。

交换初期，发生在生产门类、自然条件不同而拥有不同产品的氏族、部落之间，由氏族、部落首领为代表，对外进行交换。有虞氏部落的首领舜就是擅长从事交换活动的一位有名的历史人物。传说舜曾"作什器于寿丘（今山东曲阜），就时于负夏（今河南濮阳附近）"（《史记·五帝本纪》）。"就时"即乘时逐利进行交易的意思。又说舜"贩于顿丘""顿丘买贵于是贩于顿丘，传虚卖贱于是债于传虚"。顿丘在今河南浚县，传虚在今山西运城。顿丘缺少一些物品，所以"买贵"，舜就在这里出售为人所需的物品——主要是舜部落的特产，上好的陶器，以及其他"什器"；而传虚方面有些产品很多，所以"卖贱"，舜在那里以赊购（债）方式收进那些产品——主要是河东的池盐。舜利用两地东西的贵贱，从中获利。为了掌握河东池盐，舜在当上尧的继承人后，把政治中心迁到靠近盐池的蒲坂之地。今蒲坂城中尚有舜庙。舜在位时更花力气发展食盐生产。相传舜作五弦琴，曾弹琴，歌南风之诗："南风之薰兮，可以解吾民之愠兮（愠，愁闷）；南风之时兮，可以阜吾民之财兮。"（《食货典·盐法》）夏季薰风及时南来，池盐就自然结晶，部落的财富就可增多，素稔食盐交换之利的舜，对池盐生产的好坏当然要付以极大的关心了。

舜命禹治洪水，禹曾设法组织粮食在地区间的调剂，通过交换以解决洪灾后人民的生活问题。《尚书》记载禹所说的"懋迁有无，化居，烝民乃粒"，即指此事而言。懋迁即贸易；化居，"交易其所居积"，即以其所有，易其所无，"调有余相给"；烝，众多；乃粒，乃有粒食（粮食）。后世称做生意为"懋迁有无"即源于此。

西周的商业

西周商业被列为"九职"之一，目的是通四方之珍异，主要为统治阶级服务。市场上主要商品不外是奴隶、牛马、珍宝等。奴隶制国家对市场有一套管理制度，规定体现贵族地位等级和权威力量的礼器和兵器不准入市；贵族买东西只能通过手下的管事和仆役人等去办，自己不能入市，以免有失身份。市设专职官吏——"司市"来进行管理，下面有：分区管理，辨别货物

中国古代经济

西周货币：布

真假的"胥师"、掌管物价的"贾师"、维持秩序的"司虣"、稽查盗贼的"司稽"、验证"质剂"（契约），并管理度量衡的"质人"、征收商税的"廛人"等。《周礼》一书中对此有详尽的记载，官府管理市场是为了使交易规范化，防止偷抢欺诈等事情的发生，维护社会的秩序，保持物价的稳定，更好地满足统治阶级对"货贿六畜珍异"的需求。但也注意了度量衡是否公平，质量规格是否中式，对一般消费者也有好处。这套做法一直为后世所仿行，影响久远。

西周使用大量的铜铸造礼器、兵器、工具、农具和货币，因此对铜料的需要十分迫切。

当时，铜锡的交易或入贡向来是同南方（荆扬、淮夷）物资交流的主要内容。周昭王时南方以楚国为首的方国部落起来反周，昭王率兵伐楚，中道中楚人之计，死于江上，六师丧亡。这件事在经济上与争夺铜的资源有关，由此也可见铜在交易中所占的重要地位。统治者对可作贵重饰物，兼充"上币"的美玉也极感兴趣。穆王时犬戎势力强大，阻碍了周朝和西北方国部落的来往，穆王西征犬戎，重新打开了通向大西北的道路，"八骏日行三万里"，行踪直到今新疆中亚之地。这位大旅游家"载贝万朋"，换取昆仑（今和田、叶尔羌一带）的玉石，发展了中原和西方的通商关系。

春秋战国商业的新发展

自春秋后期以来，铁制农具的推广，牛力垦种的使用，耕作技术的改进，水利灌溉的发展，使得农业生产力逐步提高。农业劳动者由奴隶转为农奴，再由农奴升为个体小农，生产积极性也逐步增长。随着生产的增加，他们有越来越多的剩余产品要求出售，又越来越多地要求购回所需的生活、生产资料。与个体农民的成长相并行，许多手工业奴隶也得以解放，成为独立的手工业者，其产品更是以出售为目的，不投入市场就不能换到生活必需品和所用的原料。同时，山泽之利陆续开放，青铜、冶铁、煮盐等主要手工业在很多地区和时间内归私人经营，改变了过去手工业由官府垄断的格局。所有这些都促进了商品交换，扩大了市场容量。再加上城市的兴筑，交通的开辟，政治局面的逐渐趋于统一（战国只七雄并立），物资得以在更大范围内畅顺流通，商业的发展更具备了前所未有的良好条件。

这一时期商业的发展重点在剥削阶级及其服务群集中的城市。城城之间的商品交换占主要的地位。各国统治者所居的都城，以及位于交通枢纽的货物集散之处，都形成了繁荣程度不等的城市。如商业发达较早的齐国的都城临淄，春秋时已很热闹。相国晏婴之宅近市，"湫隘嚣尘"，别人劝他搬个新居，而他用"朝夕得所求"，买东西方便为辞，而予谢绝。到战国中，临淄户数更达 7 万，"临菑甚富而实，其民无不吹竽鼓瑟，弹琴击筑，斗鸡走狗，六博蹋踘者。临淄之途，车毂击，人肩摩，连衽成帷，举袂成幕，挥汗成雨。家殷人足，志高气扬。"（《史记·苏秦列传》）虽是文学语言，不无夸张，但也可见临淄的繁华景象。像临淄那样或稍逊于临淄的城市，战国时还不下十几个，那里的商业都很活跃。楚国的都城郢（今湖北江陵），城内人挤人，有"朝衣鲜而暮衣敝"之说，连后起的秦都咸阳，也是"四方辐凑并至而会"，城市商业已经颇有规模了。

城市商业与农村商业

商业的繁荣首先是城市的繁荣，自汉至唐这仍然是商业发展的最重要的标志。

西汉时全国有六大商业城市：首都长安是国内商业和同西域通商的中心；临淄是齐鲁地区的大都会、商业、纺织业中心、人口多于长安（10 万户）；河南地区的洛阳素有经商传统；河东、河内地区最大的商业中心是"富冠海内"的邯郸；南阳（宛）冶铁业发达、"业多贾"；成都则是巴蜀一带盐、铁、布等物产运出的咽喉之地。六大城市以下还有十几个中等城市。东汉时京师移至洛阳。魏晋南北朝期间，长安、洛阳迭有废兴，至隋唐时长安、洛阳才又重见繁荣，成为全国的首都和陪都。唐时京兆郡共有 36 万多户，人口 2 倍东汉时的西京长安，是最大的商业和对西域贸易的中心。"四方珍奇，皆所积集"。东都洛阳，由于大运河的开通，漕船所聚，为南北物资交流的枢纽,"商贾贸易车马填塞于市"。唐前期北方存所谓"六雄""十望"之称,运河边上的汴州(开封),"舟车辐凑、人庶浩繁",即是"六雄"之一。在北方商业占领先地位的情况下,南方商业城市也有相当的发展。如扬州、楚州、苏州、鄂州(武昌)、升州(南京)、杭州、越州(绍兴)、广州等商业更盛于昔时。唐后期,随着南方经济的进一步开发,10万户左右的州郡在南方多了起来。如苏杭二州元和时户数即达10万,分别比开元时增加、25%和近50%。最突出的是扬州,已上升为全国第一个大商业城市,"商贾如织","富庶甲天下"。由于漕运所经,江淮荆湖岭南物产于此集散,扬州本身也有发达的手工业;再加盐铁转运使治所即设在这里,海盐贸易以此为中心;所以其商业发展特快,"舟车日夜灌输京师,居天下之十七""扬一益二"之誉绝非虚语(益是成都)。南方城市商业的更快发展,从一个方面反映了中国经济重心逐渐南移的历史过程。

自古以来坊(住宅区)市(商业区)分设的制度,历汉唐而还一直保持着。西汉长安有9个市,6市在道西——西市,3市在道东——东市。各市市内有"市楼皆重层",为市官(称"市令")办公,"察商贾货物买卖"之处,上面插旗,故又名"旗亭楼"。市四周有围墙,和住宅区(汉称里)隔开,交易只能在市内进行。市门有人看守,按时开闭。为了便于顾客购买,便于官府检察,店铺在市内都按商品种类排列。经营同类商品者,鳞次栉比,各自排成行列,称为"列""肆""次""列肆""市肆""市列"。这时同类货物陈列在同一行列内称为一肆,肆还不是一个店铺之意。即使是小贩也分类挨次,坐着摆摊。长安西市有"柳市",就是贩卖柳条编造物的市列;东市的"酒市",则是贩酒的市列。各列肆中间的人行道叫做"隧"。班固在《西都赋》中所写的"九市开场,货别隧分,人不得顾,车不得旋",正是指长安市内按商品分列肆,买卖拥挤的情景(到东汉时还是如此)。市列内的房舍铺席都由官府设置,凡利用这些设施,在市里营业的商人都要向官府登记,列入"市

四方商贾云集

籍"，缴纳"市租"。其他大中型城市也和长安一样设有"市"，如宛市、洛阳市、临淄市、成都市、吴郡市、平阳市等；县城里一般也有"市"，但规模较小（未必每天开市）。驻军之所亦有"军市"之设。当时的市租收入归皇帝或封君私用。如临淄市因商业发达，年收市租达千金之巨。

宋元的商业

宋元是中国封建社会的中期。社会经济虽有曲折，总的来说还是呈现着较前上升的趋势，商业也有长足的发展，进入一个新的阶段。已有近3000年历史的老资格的商业，至此不断地改换新貌，在贩运贸易、城乡商业、市场形制等各个方面都有不少新的变化，和封建社会前期相比，表现出许多不同的特点。可以说宋代的商业是中国历史上商业的第二次飞跃。一年城乡商税共收入1975万贯。同时，酒税及卖酒收入有1710万贯（张方平计算）；卖茶收入649000贯（不包括非属商业收入的、园户交纳的茶税——44万贯，由《梦溪笔谈》数字计算）；中央掌握的销盐收入715万贯。另外，从对外贸易中所得收入一年也有53万余贯。五项合计达4600余万贯，来自商业方面的收入要占到整个中央财政收入（包括货币与实物）的1/3强。货币（缗钱）收入更是基本上依赖商业提供。而在唐时（宣宗大中时），一年的榷酒收入仅为82万贯，盐利278万贯，茶税不过近百万贯；商税收入更是"随而耗竭"，数额并不可观。宋代数字大增，无疑是商业发展所致。

正因为商业发展，市场容量扩大，所以北宋中叶每年铸钱数量虽超过盛唐十几倍，铜钱还不够用，有些地区使用铁钱（贱于铜钱），白银（称"铤"，即银条）也更多地参加流通和作为支付工具，稍后还创行了世界最早的纸币——交子。

北宋商税起初征收有则，细碎物品免税，有时还下减税之诏，一时可算是行了"恤商"之政。但到北宋末叶蔡京当政，商税日趋苛繁，山区人民"所赖以为市，漆、楮、竹、木耳，又悉科取，无锱铢遗"。原来还过得去的盐、酒、茶专卖制度，在蔡京手里变成了加强聚敛的工具，苛剥商民，愈演愈烈。结果当然是影响商业进一步的正常发展。不久金人南下，这个腐朽的政权就只好垮台了。

123

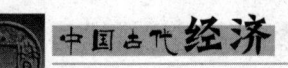

知识链接

古代商号用字歌

我国老字号的名称多以一些吉祥、喜庆、和谐的字眼来命名，如元、恒、亨、等，体现我国传统人文思想。

清代学者朱寿彭总结说：旧时店铺名要体现数量众多，就有万、元、丰；事业持久就用长、恒、久；规模巨大就用元、泰、洪；万事吉利就用瑞、祥、福；发展顺利就用亨、和、协；公平信用就用信、义、仁；生意兴隆就用隆、昌、茂。

旧时民间流传一首商号用字歌：

顺裕兴隆瑞永昌　　元亨万利复丰祥
春和茂盛同乾德　　谦吉公仁协鼎光
聚益中通全信义　　久恒大美庆安康
新泰正合生成广　　润发洪源福厚长

我国一些老字号名称即取自上述商号用字歌，如"全聚德""正广和""正兴德""广茂居""祥泰义""同仁堂""恒源祥""瑞蚨祥""允丰正""谦祥益""亨达利"，等等。

宋代由于城市工商业人口的增长和经济作物区的形成和扩大，粮食在市场上的地位益发重要。南宋都城临安除有租米禄米收入的地主官僚外，仅是城内住户，向米铺籴米而食的升斗小民就不下十六七万人，每天需供应大米三四千石。当时有句谚语："杭州人一天吃木头三十丈"，意思是家家舂米的木槌合起来每天要舂短这么许多。宋代产粮区在东南各路，尤以两浙路的苏、常、湖、秀为中心，故有"苏常熟，天下足"之说。汉代"千里不贩粟"的传统概念已开始有了改变。肉食品如猪羊亦为人民生活所必需，供应城市，流转量不小。北宋汴京各地运来的猪由南熏门入京，每日络绎不绝，每群数以万计。

已享美名千年的主要商品——纸，在宋代随需要的增长其产量和品种也大大增多。而且质地精良，除印刷书写外还可作别用。市场上常有"纸衣""纸帐""楮冠"等新奇的商品出现。

明清的商业

明清（清前期，鸦片战争以前）时期，是中国封建社会的末期。明初忙于恢复元代留下的凋敝的社会经济，

宋代用极柔韧的纸做铠甲

随着经济的恢复与发展，商业才走出低谷，再登高坡。清中叶社会经济又进一步发展，商业随之进入一个更新更高的阶段，出现了第三次飞跃。与前一阶段比，又有不少新的、更为深刻的突破性的变化。可是"夕阳无限好，只是近黄昏"，不久，日趋腐败的封建政权已不能再充当商业发展的促进者。到鸦片战争失败后，中国一步步地沦为半殖民地半封建社会，商业也蒙上了半殖民地半封建的色彩。

明前期至宣德景泰时，商品经济曾相当繁盛。可是以后随着统治者贪欲的扩张，商税日益加重，并增"市肆门摊税（营业税）"，设钞关、征船料税，又有工关税，恢复竹木抽分。"和买"又变成低价抑买。金花银每石米折交银一两，为前之四倍。茶、盐法日益紊乱。正德时更在京城内外开设"皇店"，与民间商业争利，其中还有聚娼寻乐的"花酒铺"，实在不成体统。社会经济再度下降，阶级矛盾日趋激化。农民起义爆发，震撼了腐败的封建统治。对此，统治者不得不考虑革除一些弊政，从嘉靖时开始，明朝历史进入它的后期。

明后期统治者所做的有利于商业发展的措施，最主要的有废除工役制实行以银代役和推行一条鞭法。以银代役弘治时始有，但尚不普遍，纳银轮班尚在两可之间；嘉靖八年（1529年）正式地完全废除轮班制，一律改纳"班匠银"，由政府用银雇人充役，纳银数后又有减轻。由此，广大工匠的技术和产品投入市场，发展和提高了民间的私营手工业，推进了前些时候已受钳制的商品经济的继续发展。一条鞭法是在万历九年（1581年），张居正为相时

中国古代经济
ZHONG GUO GU DAI JING JI

明清最繁华的商业街

在全国施行。其内容就是在清丈土地的基础上把原先按照户、丁派役之法改为按丁、粮（田赋税粮）派役，然后与其他杂税合编为一条，计亩或计丁以银折交于官。这是农村中的以银代役，而且是丁役部分以至全部（极少地区）摊入田赋，无地或少地的农民负担得以减轻。农民为了多得货币以缴"鞭银"，就按照市场需要，因地制宜，生产能多卖钱的东西，农产品商品化的倾向更有所增长。明后期商品经济有更大的发展同这两件事很有关系。

清初，由于严重的战争破坏，从南到北一片凋敝。接着为了防范郑成功的抗清势力，实行了严厉的海禁政策和制造沿海无人区的迁界措施，憷于人聚众多易于引起抗清斗争，对矿山封禁颇严，东南城市则限制丝织业的发展，监视织工和市民的活动。所有这些都使商业恢复缓慢，到康熙中期发展也还很有限。还不可忽视的是清以白银为货币（铜钱为辅币），白银不断流入燕京、边外和富商大贾达官猾吏之手，很大部分作为储藏手段被窖藏起来，货币无形沉淀，而征税照常用银，流通中货币严重不足，物价腾跃，市场疲软，交易死滞，这更给商业的发展带来消极影响。

明清时期比宋代更进一步的是农产品商品化程度又有很大的提高。最突出的是棉花种植面积迅速扩大。在明代河南、山西、山东都种上棉花，黄道婆的家乡松江地区更成为全国著名的棉花集中产区。清代产棉区又扩展到河北、湖北、湖南、江西、四川。河北冀、赵、深、定一带棉农占农户的"十之八九"。每年"新棉入市，远商翕集，肩摩踵错，居积者列肆以敛之，懋迁者牵车以赴之，村落趁墟之人莫不负挈纷如"（乾隆御题《棉花图》）。甘蔗在闽、广、台湾普遍种植，台湾所产蔗糖远销日本、南洋。明万历时始在闽广种植的烟草，入清已推广到全国各地，福建产烟区，种烟已耗地十之六七，南方的湘、桂，北方的陕、甘也都产烟。柞蚕在清代大量发展起来，由山东传至贵州、陕西等地。老资格的茶，在18世纪中出口激增后，其生产更趋扩大。仅武夷山一地就年产几十万斤。农业商品性生产的发展为商业的发展提供了优越的物质条件。

  棉花、甘蔗、烟草、桑等经济作物的发展，缩小了粮田面积，使这些经济作物集中产区的粮食不能自给，比之宋代更需余粮区的接济，再加城市工商业人口的增长，对粮食的需要量更为扩大。如江南地区在宋代还可在区内调剂（苏常之米），到明代就非得自两湖、江西、安徽运进食米不可，"湖广熟，天下足"，即反映了粮食产销的路线的改变，清代更远自四川购米。关外的粮食在清代也进关供应直隶、山东甚至江、闽。在清代，广东也成缺粮省，其米取给于广西、湖南，台湾米则经海路运销福建。闽、广两省也都是经济作物发展较快的地区。

知识链接

赵盼儿风月救风尘

  元代戏曲家关汉卿的《赵盼儿风月救风尘》杂剧就塑造了商人周舍这一薄情寡义的形象。

  周舍是周同知的儿子，既做买卖，又玩世不恭，是一个典型的纨绔子弟。他假心假义地与妓女宋引章交好，千方百计地骗取了宋引章的信任，宋引章不顾同行姐妹赵盼儿的劝阻，轻易地嫁给了周舍。没料到周舍将宋引章一娶回家就变了嘴脸，对她又打又骂，百般虐待。最后亏得有赵盼儿设计相救，才使宋引章逃出苦海，与一位笃情的安秀实秀才成就了婚姻。这幕喜剧可以说是一般人对商人薄情看法的曲折反映。

第二节
多元的古代商业元素

重农抑商政策

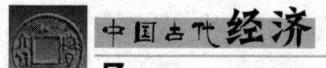

在中国历史上，有关商业的最有名、最重要的大政策，该数重农抑商政策。在奴隶制时代，官府对外来商人鼓励多于管制；春秋初大国争霸，通商惠工的口号被提出，以争取商人的支持。这时并未产生抑商的概念。从自由商人兴起，随着时间推移而分化为良商奸商，一部分人日益向反面转化后，情况就发生变化。大约在战国中期，正当新兴的国家致力于扶植个体小农以作为其经济基础之时，富商大贾中的许多人，却乘官府横征暴敛（收货币税）、水旱灾荒、疾病死丧之际，以不等价交换、高利贷等手法，大肆盘剥农民，使之破产流亡，或沦为商贾之家的奴婢。农业生产遭到破坏，减少了国家所要掌握的粮食和所要控制的劳动力，出现了日益严重的商与君争民、市与野争民的问题。有的诸侯国（如齐），商人势力之大更形成"一国而二君二王"的局面。统治者与商人之间的矛盾在加深。抑制过度扩张的商人势力的呼声于是响起。齐国轻重学派学者的《管子》一书中所说的"欲杀（限制）商贾之民以益四郊之民"，即是抑商思想的抬头。李悝相魏，倡行"平籴法"，由国家参与粮食买卖，限制商人抑价收籴、抬价出粜的投机活动，形成一种抑商措施正式推出，付诸实行，魏国因而富强。但抑商抑得最彻底的却是信奉李悝学说的后起者商鞅（约前390—前338），他在秦国变法时制定了重农与抑商相结合的一套完整的政策，雷厉风行，公平无私，得到大多数人的拥护。历史上的重农抑商，"崇本抑末"，成为一种基本国策，即自商鞅始。

商鞅重农抑商政策的主要内容是：

（1）直接制止农民弃农经商，规定不许商贾技巧（奢侈品手工业）之人自发增加，不经批准而从事"末利"者罚做奴隶。并加重商贾家庭的劳役负担，而农民生产好的可免除徭役，以示优待。

（2）"重关市之赋""不农之征必多，市利之租必重"，以限制商人的过分赢利。大幅度提高酒、肉的税率，使高额利润由商人之手转归国家掌握。

（3）国家统制山泽之利，实行盐铁专卖。

（4）管制粮食贸易，不准商人插足，农民也必须自己生产，解决口粮，不得从集市购粮调剂。

（5）提高粮食收购价格，从经济上使商人感到无利可图而放弃经营；但对农民的增产粮食则是一种有力的刺激（据《商君书—外内、垦令》和《史记·商君列传》）。重农抑商政策以及其他一系列改革措施的推行，使工商山泽之利集中于国家之手，使农业劳动力增加，从而秦国的农业生产发展，财政收入富裕，军事力量增强，为其后统一六国奠定基础。

重农抑商，重农是目的，抑商是手段。这一政策的实质是抑商人而存商业，退私商而进官商。其中具有两层含义：一是抑制富商大贾不合法度地任意剥削、兼并农民，把商业资本的活动限制在一定范围，即不触动统治者根本利益的范围之内，这属于调整官私关系的问题；二是抑制中小商贩和个体手工业者人数的过多增加，把从事工商业的人数限制在一定范围，即不影响农业生产这个封建经济的基础的范围之内，这属于调整农商关系的问题。如此含义的抑商政策，对社会财富的再分配、农商劳动力比例的合理配置，有一定的调节制衡作用，因此在需要发展个体的农民经济、巩固新兴的封建制度，建立统一的封建国家的封建社会初期，具有历史的进步意义。

刘汉代秦，政策作了调整。在争取反秦、反项势力支持的过程中，取消了盐铁专卖，允许私营工商业者自由发展，抑商政策中抑制富商大贾的内容已告废弛，只保留了抑制中小商人以防止农民弃农经商的另一半内容。"贱商令"的用意无非在此。汉武帝时桑弘羊（前153—前80年）辅政，为了打击"不佐国家之急"，使"黎民重困"的富商大贾这股兼并势力，重新实行盐铁专卖，并创行均输（官营贩运贸易）、平准（官营零售贸易）、榷酤（酒类专卖）等法。这是中国历史上实行抑商政策的第二次高潮。其后抑商政策中抑兼并、摧豪强的势头日见消沉，仅唐刘晏（716—780年）的食盐专卖法、粮食常平法（调剂供求，平抑粮价）和均输法，宋王安石（1021—1086年）的均输法、市易法（官营城市批发商业）、青苗法（官营信用业，预购与农贷相结合）中尚带有"摧制兼并、均济贫乏"的抑商意味。实际上也多少抑制了富商大贾侵蚀农业的兼并活动，在不增加或少增加农民负担的情况下，为国家增加了财政收入，客观上多少有利于当时经济的恢复和增长，也值得肯定。至于对于中小商人的"贱商令"，则各朝各代一脉相承，反复颁行。直到明初还有农家许着绸纱、商贾之家只许穿绢布的规定。这都是为了遏制农民经商、发展粮食生产所采取的措施之一，特别是在新王朝兴建之初更对此紧抓不放。传统的重农抑商政策遗存的内容，仅此而已。

在漫长的封建社会里，商业政策几经演变，而并非以抑商政策贯彻其始终。主要以抑制富商大贾兼并势力为内容的抑商政策，事实上在大部分时间里已被束之高阁；明清商人势力大盛，统治者更多奉行的是聚敛政策和掠夺政策（抑买摊配、科需白取、穷追硬索、横征暴敛），破坏商业的正当经营，阻碍流通的正常运行，以致影响资本主义萌芽的成长。这些病商之政与曾经起过些积极作用的抑商政策在性质上和效果上有根本的区别。

商品专卖制度

"山海之利，谨守勿失"，对资源性的主要商品由国家实行专卖，与"常平敛散，重在民食"（由国家管理粮食贸易、稳定粮食价格），以及"省察市肆，贪佞必斥"（由国家通过行政管理，取缔不法奸商），可并称为国家对商业的管理体制的三大支柱。

主要商品的专卖本是一种理财方法，与重农抑商有联系，是抑商政策中的一个内容，但也有区别，在抑商政策被搁置后，商品专卖仍作为一项重要制度广泛推行。

商品专卖肇始于春秋时管仲的"官山海"政策——盐铁专卖，此时重农抑商政策还未产生。商鞅抑商政策的"一山泽"，即仿自管仲的盐铁专卖。桑弘羊的"笼盐铁"，是对管仲、商鞅之法的直接继承。汉以后，铁以征税为常，坚持实行专卖的就是食盐；唐后期，茶、酒又先后列入专卖的范围。宋代除盐、茶、酒为主要专卖商品外，对醋、香药、矾也实行专卖。元代盐茶酒醋的专卖，控制更过于宋，铁亦在官营之列。明清时期，酒退出专卖，开放私营；茶的专卖已日趋松弛（仅严于边境易马之茶），课税不重，最后终于废止专卖；铁于明初准许民间开矿冶炼出售，而征其税；一直实行专卖不肯

第五章 繁盛的商业与贸易

放手的就只盐一种。

专卖制度是财政和商业的结合，其早期的推行者认为，从工商业经营中来取得财政收入，胜于强制性的直接加重农民负担的加赋增税。"无籍于民，去其促迫"。寓税于榷（专卖），你买我卖，形式上并无征籍，取之无形而人不知，是较高明的理财方法（见《管子·海王》），有别于单纯的财政聚敛。专卖自盐铁开始；取其为生活、生产所必需，"因民之所急而税之"（《新唐书·食货志》），销售面广，略为加点价，就可增加很大的税入。自桑弘羊起又增加酒的专卖，与盐不同，酒属奢侈性消费品，因民之所靡而税之，为选择专卖品开创了另一项原则。盐、酒的加价是一种"隐蔽税"，但要真正做到"见予之形，不见夺之理"（《管子·国蓄》），"人不知贵""人不怨"，关键还在于取之要有节，即加价适当，不能太多，管仲、桑弘羊、刘晏都很注意这一点。

早期的买卖都采取民制（或官制）、官收、官运、官销的形式，可称为直

商鞅

接专卖、完全专卖，或简称为官卖法，如管仲、商鞅、桑弘羊的盐铁专卖即是。到刘晏时，鉴于官卖法中存在的问题（官府广设机构，人员开支大；征用舟车和劳役进行运输，太劳百姓；住户分散，不便于深销到农村），进行改革，在食盐专卖中推行了民制、官收、商运、商销的间接专卖、局部专卖制，由于将盐就场转卖给商人，再由商人分销各地，故又称就场专卖。从商鞅、桑弘羊直到刘晏，商品专卖在不同程度上与抑商政策联系在一起，富商大贾从盐铁或食盐的经营环节上被全部或大部分排除出去，"榷盐之利得于奸商，非得之食盐之民"（指刘晏）。这是封建社会初前期专卖制度的特点。进入封建社会中期——宋，商品专卖大为推广，但已不排斥私商，在越来越多的场合下允许私商参与其事，商销与官卖并行，而商销在范围上往往超过官卖，并有许多松动变通的形式琢磨出来（如扑买制，分摊榷盐、酒、茶钱于两税或屋税之上以及开中法、人中法等）。官商分利，专卖制度仰仗巨商推行，与抑商政策已经脱钩，专卖收入往往少入于官而多入于私。到晚明和清代，封建社会的末期，官府进一步把专卖商品放给特许商人，委托其经营（购、运、销），而坐收其利。这种做法，其实于茶叶专卖中早在北宋末即已实施（官不收茶，坐取净利），但在食盐中却是行之较晚。如万历末开始实行、清代广泛采用的食盐的"纲法"，才更多地假手于商人：官不收盐而由民制、商收、商运、商销。这是专卖制度中又一种更新的形式，可称为"商专卖制"或"委托专卖制"。其专商世袭、各有引界的内容，是茶叶专卖中所没有的，属商专卖制的高级形式。官商共利（"商"指正税商人，世袭的特权商人），唯以排斥正当商人的经营为务的这种商品垄断政策，已尽失限制富商豪民的抑商政策的原意了。

　　专卖制度作为一种理财方法，在不同条件下应用，为不同的政策服务，会得出不同的结果。如果当时政权掌握在新兴阶级或进步阶层（集团）手里，为进步的政策（如抑商政策）服务，"取之于民"有个限度（加价合理、征税适当），而能以收入的相当部分"用之于民"，为国家的统一事业，为巩固边防、支持民族自卫战争的正义事业，为兴修水利、赈济灾荒等公益事业，提供经济上的保证；同时，专卖制度集权于中央，吏治比较整肃，注意惩治贪污不法行为，这样，专卖制度就利大于弊，无可厚非。管仲、商鞅、桑弘羊、刘晏等人推行的专卖政策就可列入这一类型。反之，政权掌握在保守腐朽势力或豪门垄断集团手里，政治腐败、没落的统治者向农民增税不足，就又加上商品专卖，单纯地以此作为聚敛银钱的生财之道，高价、重税，取之无节，而不肯多干有利于人民之事。在各个时期里，或是以中央集权之名，谋权宦巨室之利，专卖收入主要用于统治集团的穷奢极侈的消费上面；或是权力下移，地方擅变制度，以求赢资，猾吏从中舞弊，以求中饱；或是暗中和奸商勾结实行官商分肥以至公开地把专卖权让给豪商，容其世业垄断；在这种情况下，专卖制度的积极作用就会消失，而变成搜括的工具。专卖商品质次价昂，低进高出，强制生产，硬性摊派，压榨勒索，百弊丛生，小生产者和消费者、正当的商业经营者都大受其害。王莽的盐酒专卖，唐后期和北宋末蔡京的盐茶专卖，元代的专卖，明清食盐中的纲法就属于后一类型。总之，评价专卖制度实行效果的好坏，要看是否正确地处理了财政与商业的关系，取与予的关系。

第三节
古代商团组织与商帮商会

商帮

1. 商帮的出现

中国商人的经商活动，可以追溯到久远的先秦时代。但是，在明代以前，我国商人的经商活动，仍处于单个的、分散的状态，没有出现具有特色的商人群体，就是说，有"商"而无"帮"。自明代中期以后，由于商品经济的发达，商路的开辟，商品流通范围的扩大，商品数量和品种的增多，传统"抑商"政策的削弱，商人地位的提高，世人商业观念的转变，商人队伍的扩大，商业竞争的激烈，各地先后出现了一些商人群体——商帮。

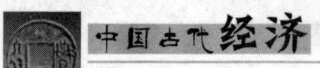

知识链接

大盛魁商号

由王相卿和祁县的史大学、张杰创办。清代对蒙贸易的最大商号，极盛时有员工六七千人，商队骆驼近二万头，活动地区包括喀尔喀四大部、科布多、乌里雅苏台、库伦（今乌兰巴托）、恰克图、内蒙各盟旗、新疆乌鲁木齐、库车、伊犁和俄国西伯利亚、莫斯科等地，其资本十分雄厚，声称其资产可用五十两重的银元宝，铺一条从库伦到北京的道路。大盛魁的创办人并不是什么富户大商，而是三个小贩。原来康熙时，清政府在平定准噶尔部噶尔丹的叛乱中，由于军队深入漠北，"其地不毛，间或无水，至瀚海等沙碛地方，运粮尤苦"，遂准商人随军贸易。在随军贸易的商人中，有三个肩挑小贩，即山西太谷县的王相卿和祁县的史大学、张杰。他们三人虽然资本少，业务不大，但买卖公道，服务周到，生意十分兴隆。清兵击溃噶尔丹军后，主力部队移驻大青山，部队供应由山西右玉杀虎口往过运送，他三人便在杀虎口开了个商号，称吉盛堂。康熙末年改名为大盛魁，这就是大盛魁商号的创始经过。

"商帮，是以地域为中心，以血缘、乡谊为纽带，以'相亲相助'为宗旨，以会馆、公所为其在异乡的联络、计议之所的一种既'亲密'而又松散的自发形成的商人群体。"商帮的出现标志着我国封建商品经济发展到了最后阶段。

商帮的萌芽形式是以血缘关系为基础的亲缘组织——商人家族。在传统的中国社会里，"土地不单单是自然物，而且蕴含着对家族祖宗认同的血缘亲情意识，体现着一种源远流长的人文精神。人们对祖宗家族的认同意识，促使着对土地的依恋和归属。"

2. 商帮的特征

由亲缘组织扩展开来，便是以地缘关系为基础的地缘组织——商帮。由于籍贯相同而具有相同的口音、相同的生活习惯，甚至相同的思维习惯和价值取向，从而形成同乡间特有的亲近感。自古有把"他乡遇故知"视为人生四大乐事之一，俗话说"亲不亲，家乡人"，都表明中国人特别是传统的中国人的乡土观念是极为浓厚的。商帮就是建立在地缘基础上的商人组织。按地域划分，有所谓本帮和客帮之分；按行业划分，又有行帮之分。明清时代先后活跃在商业领域的著名商帮有十数个之多，如山西商帮、陕西商帮、山东商帮、福建商帮、徽州商帮、洞庭商帮、广东商帮、江右商帮、龙游商帮、宁波商帮等。晚清在上海的商帮多达22个，包括宁波帮、绍兴帮、钱江帮、金华帮、徽宁帮、江西帮、湖北帮、湖南帮、四川帮、南京帮、扬州帮、江北帮、镇江帮、苏州帮、无锡帮、常熟帮、通州帮、山东帮、天津帮、山西帮、潮州帮、建汀帮和广东帮。

徽商大宅院

以徽商为例。徽州地狭民稠，社会稳定，宗族势力强大，通过买卖和兼并获得土地很不容易。因此为生活计，徽州各宗族成员不得不在土地以外谋求发展。徽州大族率先投入商业，这一方面是因为人丁繁衍造成的寻求生路的危机感，另一方面则因为他们容易筹集资本，冒得起风险，且易得到在外地为官的徽州人的帮助。"从徽商资本的来源看，包括家庭固有的资本，或是婚姻资本，如歙商吴烈夫"挟妻奁以服贾，累金巨万，拓产数顷"，郑铣之弟郑铎"善贾而无资，铣语妇许，尽出奁具授之铎，贾荆扬间，业大振"。或是亲戚族人的借贷资金，如许积庆"处昆弟笃恩，委财利为外物，九族贾而贫者多惠贷，不望其息"，王悠炽"房叔、房弟某某合伙经商，各移五百金为资本，悠轸其困于遇，折券还之"。在商业技术的传承方面，宗族也起到至关重要的作用，许多商人的经商能力都是在同宗前辈商人的言传身教下逐渐养成的。徽人宗族意识极强，许多人率领族人共同经商，而成功的商人更有责任带动其他宗族成员共同致富。

号称"豪商大贾甲天下"的晋商，也多以家族式经营为主。时至近世，工商业中家族式经营仍非常普遍。如浙江镇海方氏钱业家族，最早（约1796—1820年间）由方介堂开始经营粮食、杂货买卖，而后至上海经营食糖、开设义和糖行，并招族内子弟多人至沪协助经营。方介堂死后，他的族侄方润齐、方梦香两人设萃和糖行和振承裕丝号。1830年前后，方润齐在沪设立履和钱庄，兼营土布及杂货。方润齐、方梦香去世以后，又由他们的七弟方性斋接管家族的各项企业，并陆续增开钱庄达25家之多，从而奠定了方家在上海等大商埠的企业基础。方家另一支为方介堂的族弟方建康，他最初在上海设泰和糖行，死后由其子方仰乔继承，营业范围拓展至钱庄业，鼎盛时期达18家之多。方氏家族的两支都是由商业而钱业，再扩展至其他各业，经营范围涉及糖业、沙船、银楼、绸缎、棉布、药材、南货、渔业、书业、地产业等领域，以上海为中心，旁及杭州、宁波、绍兴、汉口、南京、沙市、宜昌、湖州、镇海等地，形成了一个庞大的家族企业网络。

商帮具有共性，如在异地建立会馆或公所；都有自己的崇拜神灵或先贤；大都有共同恪守的经营理念；有本帮的主导行业，等等。当然脱胎于各自的地域文化母体，各商帮又有自己鲜明的特色：有的商帮以恪守贾道、诚实经营见长；有的注重预测行市、垄断市场，有的擅长经营新兴行业；有的以武装贸易为形式；有的极为重视文化教育，以接受新知识见长。

第五章 繁盛的商业与贸易

知识链接

古代商帮的没落

尽管商帮曾在历史上风云一时，但由于他们的经营模式无法适应新形势的需要而注定要走向衰落。以晋商为例分析，其衰落自身的原因主要有四点：

1. 沦为封建政府的附庸，商业模式单一。明初晋商借明朝统治者为北方边镇筹集军饷而崛起，入清后充当皇商而获得商业特权，后又因为清廷代垫和汇兑军协饷等而执金融界牛耳。一言以蔽之，明清山西商人始终靠结托封建朝廷。

2. "以末致富，以本守之"的传统观念，束缚了晋商的发展。晋商资本流向土地，在明代已屡见不鲜。入清后，晋商购置土地者很是普遍。有民谣称："山西人大褡套，发财还家盖房置地养老少。"此谓"大褡套"是指形同褡子的布套，也可搭在牲口背上供人骑坐。这句民谣反映了晋商外出经商致富后还家盖房置地养老少的传统观念。在这一传统观念支配下，其商业资本是不利于向近代资本发展的。为其服务而兴盛。但当封建朝廷走向衰亡时，山西商人也必然祸及自身。

3. 墨守成规，思想保守。随着外国资本主义的侵入，旧有的商业模式已被打破，加快改革，适应潮流，是求得自身发展的途径。但是，由于晋商中一些有势力的商帮和商会思想顽固、墨守成规，以致四次失去票号改革机会。

4. 投资周期过长。20世纪初，晋商中一些有识之士投资民族资本近代工业，但由于当时保矿运动的影响，其资本主要投入了煤矿业，而不是投资少、周转快、利润高的棉纺、面粉、卷烟等轻纺工业，致使资金大量积压，陷入困境。

会馆

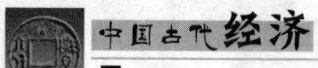

1. 会馆的出现

明清时期商人的社会势力在各个社会阶层中已明显地突出出来，最集中的表现就是他们开始有了属于自己的正式团体——会馆。

会馆是由流寓客地的同乡人所建立的专供同乡人集会、寄寓的场所。会馆的出现是很早的，但当时不叫会馆，也不是庄商人组建的。其产生与科举制度有很大关系。

科举是中国封建社会选拔文武官吏的一种制度。隋炀帝时开始设立进士科，唐代于进士科外，复置秀才、明法、明书、明算诸科。到明清时，科举考试制度更为严密和完备，每逢"大比之年"，便有各地文武举子进省城或京城应试。另外，还有大批的商人也来到省城和京城做生意。这些人远行来到省城，到京城路途则更远，一般的人所带盘缠是有限的，在省城、京城投宿"虽一榻之屋，赁金却不下数十楮"。好一些的住宿，价钱则更高，赴考投宿者们大多是拿不出这笔开支的。就是那些做生意的商人们，也多是付不起昂贵的房租，于是经济上的原因和乡土观念，促使举子和商人们期望能有一个凭借乡谊且能相互照应的理想住处。于是就有人开始着手建立能供同乡居住、休息场所的事宜。明朝嘉靖年间，在北京就开始出现了专供外地人居住、聚集的场所，人们称之为"会馆"。后来这样的会馆不断出现，到了明朝万历年间，在北京就出现了"其乡各有会馆"的情况。据统计，在整个明朝，北京有会馆将近50家之多。

知识链接

大德恒票号

晋商乔致庸创办。乔致庸（1818—1907），字仲登、号晓池，是乔全美

第五章　繁盛的商业与贸易

之子，乔贵发之孙，乔家第四代人。人称"亮财主"，生于嘉庆二十三年（1818年），卒于光绪三十二年（1907年），是乔门中最长寿的人。出身商贾世家，自幼父母双亡，由兄长抚育。淳厚好学，本欲以仕进光大门庭，刚考中秀才。兄长亦故。遂不得不放弃举子业而承袭祖遗商业资产，挑起理家、理财之重担，电视剧《乔家大院》是其精彩一生的最真写照。

2. 会馆的发展情况

清王朝建立之后，统治者仍积极推行科举制度，考试的科目和次数都有增加，参加考试的人也越来越多，于是会馆也跟着多了起来。据清朝人吴长元《宸垣识略》记载，从清朝入关至乾隆年间，北京的会馆就发展到了180多处。到光绪年间，就又发展到了将近400所，几乎全国各地在北京都建立了自己的会馆，有的一个县就建立了好几所。

据统计，到民国时期北京尚存有各地会馆的情况是这样的：直隶（今河北省）12所，山东8所，山西35所，河南13所，江苏26所，安徽34所，江西65所，浙江34所，福建23所，湖北24所，湖南18所，陕甘26所，四川14所，广东32所，广西7所，云南9所，贵州7所，绥远2所，奉天1所，吉林2所，新疆1所，台湾1所。因清政府有满人居内城、汉人居外城和内城禁止喧嚣等规定，所以原来在内城的会馆逐渐废除，而南城正阳、崇文、宣武三门一带

山西会馆

的商业繁华区则成为会馆最集中的地方。

除北京之外，其他的一些城市也都建有多少不等的会馆，例如仕商辐辏的大都会之一的苏州，在明朝万历，年间就有了会馆，后来发展到了90多所。到清末，广州、重庆、上海、汉口、天津等地都建有会馆。

3. 会馆的建立

会馆的建立主要的是出于维护同乡人利益的，其发起人也不只是商人，其活动的内容也不只限于商务，当然因会馆性质不同其作用也不一样。关于会馆的建立和发起人有如下几种情况：

（1）纯属商人发起组建的。这类会馆是商人为了保护本地或本行业商贸利益而建立的。就北京地区来说，早期的会馆都是为赴京投考的人所建，发起人一般的是在京任职的官僚集资为其家乡人所建，与商人本身的利益关系不大，后来，特别是到了清朝，有相当一部分会馆就是由商人发起并出资兴建的了。北京之外的其他城市，由于兴建会馆的时期都比较晚，一开始就是由商人创办。

至于商人创办会馆的动机，在现存的一些会馆碑刻中说的是很明确的：

"会馆之建，非第春秋伏腊，为旅人联樽酒之欢，叙敬梓恭桑之谊，相与乐其乐也。"

"会馆之设，所以联乡情，敦信义也。"

"会馆之设，所以展成奠价，联同乡之宜，以迓神庥也。"

"建设会馆，所以便往还而通贸易，或货存于斯，或客栖于斯，诚为集商经营交易时不可缺之所。"

归纳起来说，建立会馆就是使同乡之人在外做生意有可居住的地方，同时同乡之人聚集在一起，联络感情、增进友谊，更好地团结协助，共同经商。常言说"人情聚则财亦聚，"建会馆的最终目的还是为做好生意服务的。

这类会馆建立之后，商人们就以此为活动的场所，无论大小事情都到会馆里来做。当然主要的还是进行与业务有关的活动，比如议论商情、讨论物价及储存货物，等等。清朝在天津成立的山西会馆，是地方上有名的大会馆之一。这个会馆是由山西的"十三帮四十八家"巨商组建的。十三帮包括盐、布、票、铁、锑、锡、茶、皮货、帐、颜料、当行、银号、杂货等。他们每年有定期的团拜聚餐，各帮按月有小的聚会，在聚会中进行商务活动，这已成为惯例。

（2）由官僚政客与商人共同发起组建的。这类会馆为数较少，它不仅为商人服务，也为官僚士大夫服务。例如在苏州的江西会馆，由江西的官商于清嘉庆年间合建，在《重修江西会馆碑记》中这样写道："我乡官于斯，客于斯者，咸捐资斧，踊跃相从。"其中商人捐资的，包括江西的麻货商、纸货商、炭货商、漆货商、磁器商、烟商、布商等商人。清末在天津建立的云贵会馆，就是由陈夔龙（直隶总督、北洋大臣）、蔡述堂（大商人）和曹家祥（袁世凯时办警察）等发起组建，每逢新年在总督衙门举行团拜，有时多达四五百人，皆为陈的属员及府、道、县等同乡。

（3）由官僚政客发起组建的。这类会馆与商务没有太多的关系，但也有本地商人参加。所建的时期也大都在清末民初。如天津的山东会馆是由军阀靳云鹏（段祺瑞执政时的国务总理）、孙传芳、董政国、王占元等发起组建；江苏会馆是由大官僚盛宣怀、御史吴大澂等发起组建；安徽会馆是由杨士骧（直隶总督）、袁大化（军阀）发起组建；浙江会馆是由严信厚（盐运史）、张振起（铁路总办）发起组建；广东会馆是由唐绍仪（盐运使）、梁如浩（海关监督）发起组建，等等。他们发起组织会馆时，都是以联络乡谊、共谋同乡福利为号召，实际上是为了笼络同乡，建立自己的集团势力，会馆实际上成了他们从事政治活动的舞台。因此，在这类会馆中，政治气氛比较浓厚。

4. 会馆的管理与活动

各会馆吸收会员当然是以同乡为主，入会的同乡要登记入册，并按时交纳会费，便有了会员的资格，也有的会馆不交纳会费，凡是同乡都可成为会馆一员。

会馆的管理制度有以下三种：一是值年制，即由董事轮流负责管理每人一年，叫值年；二是共管制，即因地域不同，如同是一省，但不同州县，这样便由各方派出相等人数共同管理；三是董事制，即规定出董事名额，按分配制度，如商界若干名、政界若干名、洋行若干名等，然后经过会员选举产生。

会馆除了商人们聚集联络、商讨业务之外，平时最主要的活动就是搞一些公益事业，也就是说绝大部分会馆，几乎都把办理善举、对同乡实行救济、安排生老病死作为头等大事。所以各会馆刚一建立便订立公益、救济等一系列章程和制度，如对同人贫困者规定："年老无依者，酌量周助，遇有病故，助给棺殓费。无人搬柩者，代为安葬。其经费由同业捐资，并不在外募派"；商人外出经商，有的子弟随同而来，为了让这些人受到教育，会馆还设立有义塾、学校，其经费也由同乡捐助。

会馆由商人举办，当然经费来源是不成问题的，所以一般的会馆的建筑规模和形式在当地来说都是很讲究的。当然会馆因其经济实力不同，其规模也大小不一，一般来说：大的有三四层院落，其中有纪念祖先的乡贤祠、有吟诗作赋的文聚堂，有迎客宴宾的思敬堂，还有进行喜庆活动的大戏台，以及花园、山石、水池、亭榭等；小的会馆也有十几间、几十间房屋。会馆内配有各种各样的木质家具和一些日常生活用品、用具。

5. 会馆的性质

会馆是商人们所建立的地域性的组织，是商人活动的场所，其主要的职能就是联谊并举办一些为同乡服务的公益事业。根据我们前面叙述的情况，就会馆的性质可以归纳为下列几点：

一是地域性。会馆是由同乡商人所组建，其成员当然是吸收同乡人，形成了一个以同乡为主的地域性很强的组织。这样做便于同乡人的团结，保持同乡人在外经商的利益。

二是商业性。会馆的出现，其主要原因之一就是因为商业的发达。各地经商者的增加，商业活动在不断扩大，到外地经商的越来越多，因此要求建立自己的组织和固定的活动场所是很自然的。会馆一旦建立，商人们便立刻响应加入，使自己有了一个居住、存货、商讨业务、议定商价等的地方。所以，不管建立会馆的初衷是什么，最终都使其表现出了商业的性质。

三是封建性。主要表现在各个会馆都有自己崇拜的偶像和保护神，供奉着各种各样的神灵。他们所祭祀的神像，有的是本行业的祖师；有的是本乡本土的先贤。如土木商供奉鲁班、医药商供奉三皇（伏羲、神农、有熊），搞海上运输的供奉无后娘娘，等等。

四是政治色彩也很浓厚。有些会馆虽有商人参加，但是由官僚政客所组建的。商人参加是以同乡的身份，而不是出于业务上的需要。有些会馆是由商人发起组建的，但是后来尤其是近代加入了一些有声望的官僚，很快地会馆的活动为其所把持。如军阀孙传芳、黄政国，政客南桂馨、靳云鹏等，都曾是天津一些会馆的主要人物。

会馆也曾有不少的名人居住或曾经活动过。明朝名相张居正，其故室是全楚会馆；清初学者朱彝尊，其所写北京史专著《日下旧闻》就是在北京顺德会馆内的古藤书屋编纂的；近代史上的著名诗人和思想家龚自珍，其故居在北京宣外上斜街番邑会馆；清末戊戌变法的主要人物梁启超，18岁入京赴春闱，住在北京永光寺西街的广东新会新馆；民国元年，孙中山先生北上途中抵津莅临广东会馆并登大戏台演讲，至京后，则憩息于宣外珠巢街的香山会馆；鲁迅先生到北京时，曾在南半截胡同的绍兴会馆内居住长达10年之久，他的《狂人日记》等作品，就是在这里写成的。

由于会馆是地域性的组织，其人员复杂，业务不一，什么样的活动只要是同乡进行的就有可能在会馆里进行，所以会馆还不是商人最理想的活动场所和纯属于自己的组织。

知识链接

会馆与戏剧的发展

康熙六年（1667年），江浙商人在正乙祠银号会馆内建立了戏楼，距今已300多年了。京剧创始人程长庚、谭鑫培、卢胜奎及梅兰芳、余叔岩等大师，都在这里演出过。宣武门外大街路东的江西会馆，馆匾是人称"辫帅"的江西人张勋所题。馆内戏楼前建有罩棚，可容纳2000多名观众。这里曾是京城最活跃的戏剧演出场所。20世纪20年代，鲁迅先生曾多次来这里参加与友人的聚会和看戏。俞平伯、吴梅等名士也在这里以票友的身份演出过昆曲。

清末民初，专业演出的戏院、剧场纷纷建立，会馆的戏剧演出才渐渐衰落。但会馆的戏剧活动在北京戏剧的发展史上，留下了不可磨灭的一页。

公所

1. 公所的出现

会馆的主要职能是联谊。随着业务的发展，商人们已不满足于同乡之间的聚会了，而是从商贸业务的角度来谋求发展，于是出现了打破地域界限，以相同的行业组织在一起的团体，这就是公所。

公所的出现大约在清朝的中期。它的出现是以两种组织为基础的：一个就是前面提到的会馆，比较明显的就是清朝乾隆年间之后，大批的会馆转化为公所；再一个就是"行"，前面叙述了行是在唐宋时期产生、发展起来的，到明清时期行仍然存在。我们说行是一种由官方对工商业者实行有效管理的组织形式，比如明朝从永乐时期开始，就一直对行户户籍实行十分严格的管理，规定每10年对行户户籍清审一次，嘉靖以后改为5年清审一次，其目的是"遇各衙门有大典礼，则按籍给直役使"，这种役使称为当行或当官。直到清朝的末年，行户当行或当官的情况是一直存在的。那么到了清朝的时候，公所大量的出现，一些行也纷纷组建自己的公所，行本身就是以行业为特征组成的，因此与同业组织公所有相通之处，行组织公所是很自然的事情。

公所的出现有深刻的历史背景。清朝中叶，商品经济发展到了它的鼎盛时期，生产力提高，社会分工进一步发展，商品量增加，市场逐步扩大，特别是在城市里出现了空前的繁荣盛况，其商业活动异常活跃，商人之间的业务交往也更加频繁。在这种情况下，会馆等作为同乡的地域性组织，因其活动范围和能力受到限制，不能再适应和满足当时商人们各方面的需要了；而且狭隘的地域观念和浓厚的封建色彩及被官僚政客所控制的情景，极大地限制了工商业的自由发展，于是摆脱种种束缚，按行业组织自己的团体的要求提了出来，所以这时期大批公所纷纷出现。据统计，截至清末，各地都有公所建立，尤以苏州、上海为

淮军公所修缮

多，苏州约有144所，上海有66所。在名称上，公所大都是以行业命名的，如木业公所、纸业公所、蜡烛业公所等等。也有以地区命名的，实际上也是同业的组织，如苏州的江镇公所，是剃头业组织；七襄公所，是丝绸业组织等。

2. 公所的职能

由于公所是以行业为基础组建的，行业一般划分是很细的，所以公所一般也以具体的行业专业为主而建立，不像会馆笼而统之地包括一个地区任何专业的商人或包括一个大行业下所有的商人，比如苏州有个武安会馆，它是以该籍的所有绸缎商为主组建的。而公所建立的就多了，有绸业、锦缎业、湖绉业、织绒业、绣业、丝业、染丝业等10多个公所。可见其组织划分的更细、专业化更强。

就职能来说，公所和会馆就大不一样了。虽然会馆的一些职能，在公所里也可见到，如举行祭神活动、兴办义举和公益事业、开展文娱活动等，但公所最重要的职能已经转化到业务方面来了，因为它是同业组织，其所以组合在一起就是因为开展业务的需要。因此研究商务，开展商务活动是公所最重要的职能。

行会

1. 行会的出现

商人组织由以地缘为基础的商帮到以业缘为基础的行会，是中国商业的一大进步。什么是行会？彭泽益先生曾给它下过这样的定义："行会是行帮组织，它以行业和地域性的传统联系，并以行规和习惯势力为凭借的封建团体。"在一个城市里，既有外乡侨居的客商建立的会馆公所，也有本地同业商人建立的会馆公所，而前者比后者更需要建立其行帮组织，来团结同乡商人，维护本行帮的利益。所以商帮既可表现为侨居外乡的同乡商人团体，也可以是客籍商人的同业组织。前面我们已经着重介绍了地域性的商帮，下面则主要讨论行业性的行会了。

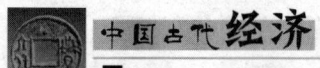

知识链接

同庆丰票号

王炽创办。王炽生于1836年，弥勒虹溪人（旧称十八寨），由于家境贫寒，14岁时又遭丧父之痛，因而不得不辍学习商。作为晚清赫赫有名的巨商之一，云南弥勒人王炽的一生充满了奇迹。曾经，钱王王炽的名字响彻大江南北，可叹的是，如今很多人只知胡雪岩却不知有王炽。王炽一生以利聚财，以义用财，以儒治商，爱国忠君，以惊人的经商天赋和不懈的努力，终于成为一代钱王。

早在唐代，商业行业组织就已出现。唐市制规定，同行业的商人要集中于一处营业，从而使他们有了密切接触的机会和共同的利益联系，这样他们便逐渐组织起来。行头、行首、行老、行人由同行推选，官府批准，任务大概是处理本行业内外事务如承办政府分配的任务，决定行户入会，研究确定本行经营方针，组织同业宗教活动等。这个时期在行业内部还形成了共同的习惯语言。南宋时期，由于旧有的城市分区制遭到破坏，行以同业相聚而得名者乃日趋显著。"京都有四百十四行。"在京都以外，许多州县也按行业分别建立起自己的组织，称"行"或"团"。凡市肆"不以物之大小，皆置为团行"。宋的行头的职责与唐代差不多，即协助政府办理对行人的征税、科买、和雇以及平抑物价，监察违法行为等事，又代表本行会与官府打交道，协调商品的生产和买卖，议定价格以及处理本行其他业务问题或组织祭祀活动。13世纪70年代至90年代末，杭州有12个手工业行会，如宋时初建于仁和县忠清里的通圣庙就是杭州丝织业行会同行业者集议和酬神的会所。酿酒同业于宋元丰二年（1079年）在横金镇建立酒仙庙，祀杜康、仪狄；丝织业行会也于宋元丰初年（1078年）在祥符寺巷建立机神庙，名轩辕宫。

2. 行会的主要作用

宋代以后，随着工商业的逐渐发展，行业组织的规模日益壮大。明代嘉靖、万历年间，北京由外省商人出资兴建一些会馆，表明商业各行的内外事务日益复杂，需要建立一些组织，来适应工商业的发展。迄至清代，中国行会日趋成熟，形成了一套制度、行规，从这些行规中，我们可以了解当时商人建立行会的目的。

例如，北海的广州同乡行会在其章程序言中写道：北海之人天性贪婪、放肆，目无法纪；抢窃之事，不胜枚举，实为吾商界烦恼之事，而且一旦吾人与地方商人发生纠纷，竟无法同他们打交道。本会希望此章程之颁布，可引导由同籍贯连接一起之本会同人，统一意见、行动，并借此共勉，恪守祖业而勿堕；本会同人精诚团结，与邪恶行为势不两立，奸滑刁顽之徒最好力避本会，以免自讨没趣。可见行会建立的目的主要有两方面：一是对外保护本会成员的利益不受侵犯；二是对内约束本会成员的经营行为。

商业行会的资金筹集是由行会成员对自己出售的商品进行征税，平均约为千分之一。"有的行会实行差别税率，对某些商品的课税比其他商品高，比如在温州，宁波人开设的商行中，凡属行会成员出售药材者，每千文营业额征课八文，而经营豆饼的行商却只交纳其营业额的千分之二"。

行会是商业活动的仲裁机构，它扮演着执行自己制定的商业条规的角色，

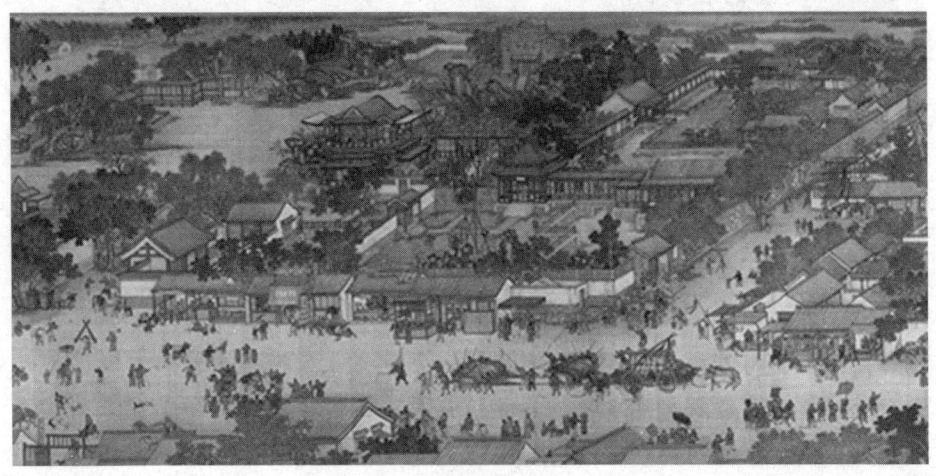

北宋景象的繁荣

从而使商业讼争受到严格的限制，如某一行会的行规写道：本会公同议定，凡本会成员之间所发生的钱财方面的争端，均应服从本会仲裁，在仲裁会上将尽最大的努力就争端达成一项满意的协议。如果证明双方仍无法达成谅解，可以向官方上诉；但是，如果原告（上诉人）直接诉诸官方，而不是首先求助于行会，则其将受到公众的谴责，而且，其以后再求助于行会之事，将不再受理。这表明，行会不仅有权裁决财务纠纷，而且对于行会成员之间一般性纷争也具有调停的职能。

行会会规中还有所谓"联合抵制"的规定：本会议决，凡会员被逐出本会，或一当地商号为其同业所逐之后，所有与其往来之关系均将中止。若有本会其他成员继续与其交易往还，一旦察觉，无论其出于同情或友谊，皆处以罚银百两。

行规的制定是由于树立商誉的需要。宁波的厦门—福建分会馆在其会规的"绪言"中写道：据说，经营有方的交易可获利3倍，而一个言而有信的人更值得尊敬。我等涉海远道从厦门来此贸易之人，多年来在宁波和睦相处，买卖为业，然自太平叛乱以后，商业道德多受漠视。如今，海内复安，我等亟需振兴行规，涤除积弊，以图大业；而垂久远，甚属重要。简言之，这要求能被人很好地理解。商业有建立于理性上的法则，它们有助于行业内和睦共处；其增补部分已取得我们的同意。

3. 行会的管理职能

行会条规几乎无一例外地倡导诚实经营，严禁重入轻出、以次充好、掺假作弊等行为，一经查出，必予重罚。

有趣的是，不少行会对违反条规者的惩罚不限于罚款，往往要演戏敬神。

如湖南省城墨店条规议定："如有乱规者，公议罚戏一部敬神，酒席二桌。"

邵阳广货店条规中7条有4条规定了对违规者的处罚是"演戏敬神"。湖南省城山货店条规中有6款讲到对违规者"罚戏一台"。我们认为，"罚戏敬神"的规定，可能是基于如下两点考虑：其一，违反行规者就是有辱祖师和神祇，而敬神就是面向神示其悔过之意；其二，责令违规者缴纳罚金请戏班演戏，意在于周告同人，以儆效尤。

中国传统行会具有浓厚的封建色彩，通过行规"对产销施加的限制，或者禁止从事垄断与投机的诡计,其目的是想在行乐之间维持一种均衡",阻碍大财富的形成。为阻止竞争,行会充分借助行规的约束力,比如,限制同业的铺面开设地点、价格统制、限制规模和雇用人数等。

总之,商人行会的职能,主要是通过行规的强制性作用,从流通环节上调剂商品的买卖,不许同行之间"滥市出售",限制彼此的自由竞争,商人资本因长期面临着行会制度所设置的障碍而难以自由发展。但同时也应看到,行规有规范商人经营行为、抑制行会内部矛盾发展、稳定行会组织的作用。

商会

1. 商会的出现

不同于封建性较强的会馆、公所的,是20世纪初年各地创设的具有资产阶级民主色彩的商会。1896年,陈炽在《续富国策》一文中提出立商部、设商会以及"恤商情、振商务、保商权"的主张。同年,张謇也在《商会议》中提出设立商会,主张"各行省宜立(商务)总会,各府宜有分会",并报请督抚"为之主持保护"。戊戌变法期间,康有为也多次向光绪帝上兴商学、办商报、设商会的条陈。但由于当时历史条件不成熟,商会没有能够真正建立起来。20世纪初,中国民族资本主义得到初步发展,早期资产阶级越来越感到传统的商业组织对工商业发展的阻碍,他们迫切期望建立商会这样一个联络工商各业、维护自身利益的新式商人组织,提出:欲兴商务,必以各设商会,始行之有效,各商会再联一大商会,庶由点成线,由线成面,内可与政府通商人之情况,外可与各国持商务之商涉,非设商会不为功也。

1898年以后,各省陆续设立商务局,作为管理工商事务的准官方机构。1902年以后,上海、广州、汉口等工商业比较发展的都市,先后创设了商业会议公所或商会公所。1904年初,清廷颁行《商会简明章程》二十六条,谕令各省迅速设立商会,规定:"凡属商务繁富之区,不论系会垣,系城埠,宜设立商务总会,而于商务稍次之地,设立分会。"到1905年底,全国共创设商务总会和分会约70个。

知识链接

阜康银号

胡光墉（1823—1885 年），安徽绩溪人，因在杭州经商，寄居杭州，幼名顺官，字雪岩，著名徽商。初在杭州设银号，后入浙江巡抚幕，为清军筹运饷械，1866 年协助左宗棠创办福州船政局，在左宗棠调任陕甘总督后，主持上海采运局局务，为左大借外债，筹供军饷和订购军火，又依仗湘军权势，在各省设立阜康银号 20 余处，并经营中药、丝茶业务，操纵江浙商业，资金最高达 2000 万两以上。

2. 商会的组织与管理

商会不同于传统的会馆、公所等旧式商人组织。

第一，组织成员和构成不同。公所和会馆一般是由同行业者或同地域者联合而成，有行业、帮派甚至地域之分，它们都不是同一城市所有工商业者共同结成的组织，相互之间界限分明，壁垒森严。商会则是一种跨行业的统一联合组织，不限地域和行业，从横向上把全城各个行业联络和组织成为一个整体，"商之情散，惟会足以联之；商之见私，惟会足以公之"。商会要求一般会员只要具备下列条件者即可入会：（1）行止规矩；（2）事理明白；（3）在本地经商；（4）年龄在 24 岁以上。1905 年，天津商会入会行帮有 32 行，商号 581 家。1908 年苏州商会入会行帮达 43 个，1106 个店铺作坊。可见商会在组织基础上要比会馆、公所广泛得多。

在组织构成上，会馆和公所的组织形式非常简单。商帮会馆通常推选几名董事负责日常馆务及资财，对成员的约束力较弱。同业公所虽然通过行规对其成员进行约束，但组织机构并不健全，内部分工也不够细密，一般仅推司年、司月和执事各一人负责日常事务。而商会是一种相当健全和成熟的工商组织，不仅形成了由会友、会员、议董、总协理这样的层级结构，而且有

第五章　繁盛的商业与贸易

比较细密的内部分工，庶务、会计、理案、书记、查账、纠仪、理事各司其职。同时，商务总会还有维系所属分会之责，形成了总会、分会、分所层层控制的组织系统。

第二，基本职能不同。商帮会馆的基本职能在于联络乡谊，"相顾而相恤"，同业公所的基本职能主要在于通过制定行规章程，用强制的办法，限制行业内外部的竞争，以维护同业商人的既得利益。诸如：统一各类商品和手工业产品的价格、规格及原料分配，控制招收学徒和使用帮工的数目、限制商店、作坊开设数目等。商会则突破了这些束缚工商业发展的陈规陋习，以"扩商权""联商情""开商智"的宗旨代替会馆公所的"联乡情""笃友谊"的口号，具备了诸如"调查商业""和协商情""研究商学""调息纷争""改良品物""发达营业""挽回利权"等职能。不同于传统的商帮、行会抑制创新、压制竞争，商会则大力鼓励和倡导创新和竞争意识。

第三，传统商帮、行会具有浓厚的封建性，商会则充满了资产阶级民主气息。商帮、行会内部森严的等级制度同封建宗法关系相互渗透，使行会成员毫无"法人"地位可言，主体意识更被地域和行业利益的强制性所戕杀了。商会则不同，它一般制定了严格的选举制度、财经制度和会议制度。会中所有领导成员，都是采取无记名投票的民主方式产生，每年选举一次。其中总、协理由议董选举产生，议董经会员推选，会员由会友公举。得票多者当选，选票要在全体会员参加的年会上当众拆封，完全符合民主选举程序。同时，入会会员享有选举权和被选举权、表决权和建议权等内部权利。对外，会员又享有被保护权。凡已注册入会的商号，一律由商会造册送至地方官衙备案，"各商因钱债细故被控者，由本会随时酌觅担保，以免羁押之累""入会各商既已循理守法，如有土棍吏役讹诈凌压，借端滋扰商业者，本会代为申诉""凡有不便于商，损害商务，或奉行习惯，而实为病商之政，亟应整顿改革者，本会当实力办理"。当然，商会会员、会友在享受权利的同时，必须履行交纳会费、提供建议、执行决议等义务。

商会还制定了严格的财经制度。凡收取款项，应发给收条，并由总、协理及会议议董分别签字。每月收支月清月结。会计议董交由总、协理及其他议董稽核签字。年终时还由全体会员公举二人查账，最后交总、协理当众公布，并刊册报部及分送会友，以昭信用。

商会的会议制度也体现了民主性。商会会议有年会、常会和特会3种。年会每年正月举行，全体会员参加，主要是总结一年的工作，推举新的领导成员。常会每星期举行一次，由全体议董参加。特会不定期举行，商议特殊紧要事项。一般情况下，总、协理虽为最高层次的领导人，对重大事项不能擅自决断，必须召集议董甚至全体会员开会商议。每次集议时，须有应到会者半数以上参加，否则不能形成议案。会议要求"开诚布公，集思广益，各商如有条陈，尽可各抒议论，俾择善以从，不得稍持成见"。一般会友虽不参加常会，但是可以随时"指陈利弊，条陈意见"。遇有重大事情，10人以上联合即可要求召开特别会议讨论。

会馆公所通常供奉本乡或本行业的保护神，对这些落后的内容，商会一律予以摒弃。如苏商总会章程明文规定："一应善举，无关大局，无关要义者（如布施、周济、养而不教之类），本会经费虽裕概不担任，亦不得于会中提议""一切迷信祈报之费，本会概不担任"。这些都表明商会的近代民主性质。

第四，在组织特征上，行会属于封闭性、停滞性的社会组织，商会则属于开放性、发展性的工商组织。

行会内部成员及其等级层次间缺乏经常的信息交流，并且深受种种陈腐的行规、习俗的束缚、对外界环境变化麻木不仁，故步自封，各行会之间更是壁垒森严，缺少交流。行会的封闭和停滞最集中地反映在技术保密和垄断上，如苏州的金线业"向有公所，以及行规"，行规规定："中行不得收领学徒，只可父传子业。"再如长沙茶馆条规："带门徒三年出师后，明知各铺，方准再带，如现未出师私再带者，查出公逐，铺家公罚。"

商会组织则不同，商会内部成员和各组成部分之间不仅存在着广泛频繁的信息交流，而且与行会技术保密形成鲜明对比的是，商会还有意进行技术传播。如天津商务总会曾"将各项行情日悬会门，俾众周知"。商会对其他组织也是开放的，如苏州商会纳入了苏商体育会和市民公社；天津商会吸收"阎津水团"、"铺民局"、"民更局"和"绅商保卫局"、"天津公安总会"等组织机构。

综上所述，中国近代商会是不同于传统的会馆、公所、客帮的新式工商组织。但是近代商会又同传统行会组织之间有着千丝万缕的联系。这主要表现在：商会的创立和运作需要得到会馆、公所和商帮人力以及财力的支持。商会不可能凭空产生，它是由具体的商人所组成，然而早在商会产生之前，几乎所有的商人都被纳入旧有组织形式之中了。新式商会必须面对这样的事实。如苏州商会的组织法规定，每年缴纳会费300元以上的商帮可推举会员1

第五章　繁盛的商业与贸易

人，多至 3 人。各商帮还可以自行开列会友名单报会。其次表现在商会的骨干往往都是各会馆、公所、客帮的首领，而且各旧组织的势力大小也会反映在商会内部的任职等级上。商会中握有实权的总理、协理和议董阶层，长期为几个财大势重的行业所把持。比如清末苏州商会六届总、协理都是在典业、钱业、绸缎业和珠宝业中产生的，绸缎商尤先甲 5 任总理，钱商吴理杲则 5 任协理，而历届议董人数最多的行业也是上述几大行业。清末民初，近代商会与传统行会组织基本维持着并存和渗透的格局。当然，在这一格局背后也潜行着一种历史的运动，即旧式行会组织逐渐演变为具有近代意义的同业公会，同时商会得以不断扩充和重构，日益成为"民间社会"的首脑机关。中国近代商会组织的这些特色，归根结底，是由中国半殖民地、半封建社会的性质决定的。

商会是中国近代社会的产物，它体现了中国工商业进入一个崭新的历史阶段，中国的商人也不再是传统的"四民社会"的末流，而成为一个阶级，成为近代社会变革的一股重要力量了。从商帮、行会到商会，中国商人作为一个群体得以不断发展。

知识链接

商会创立过程及法律制度

晚清以降，由于情势变迁，使得商人的地位大为改观，商人组织的性质亦相应有所变化。传统的商人组织，如行会和善堂等形式的早期商人组织根据实际状况比较自然地开始转化为近代意义上的商会。1899 年，出现了第一个有关商会的民间拟定章程《拟中国建立商业会章程》；1902 年，上海通商银行的总董严信厚组织成立了上海商业会议公所，这是近代商会的雏形。

1903 年，清政府设立了商部，作为统辖农工商实业的最高管理机构。1904 年，根据商部的意见，清廷谕令颁布了《察定商会简明章程》《商会

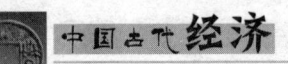

章程附则六条》。此项法律文件成为商会成立的法律依据。1905年1月13日，天津商会正式成立。

到1908年，全国已有58个总商会（其中9个建于海外）和223个分会。1912年商会总数猛增至794个，1915年更激增到1262个。

1915年，参议院代行立法院职权，于第二期常会议定《商会法》，并于12月予以公布。次年2月，又颁布了《修正商会法施行细则》。1927年，南京国民政府成立后，重新修订了《商会法》和《商会法实施细则》。

1929年，工商部拟定《商会法》草案，同年8月15日公布施行。商会制度从创立时起，就是具有强烈的独立意识的社团组织，与其他形式的社团相比较而言，它是当时清政府最为重视也倡导最力的新型商办民间社团。

第四节
古代海外贸易

中国古代的商业，范围并不局限于中原、国内，它的外延时时扩大到边境以至境外。中原王朝同周边各少数民族之间的贸易，实起到促进民族团结、融合的作用；而通过陆路或海路同世界其他国家的贸易，在国内市场繁荣的同时，往往也有相应的发展。对外贸易促进了中外之间的经济和文化交流，其发展的历史也是中国古代商业发展史中不可缺少的一章。

第五章　繁盛的商业与贸易

秦汉时代海外贸易的萌芽

我国早期的对外海上交通大致不出两途：一由山东、河北沿海东行往韩、日，一由广东、交阯沿海南行往东南亚，这两路交通都在秦汉时见诸记载。在南向往东南亚的交通中，《汉书·地理志》记载：

自日南障塞、徐闻、合浦，船行可五月，有都元国；又船行可四月，有邑卢没国；又船行可二十余日，有谌离国；步行可十余日，有夫甘都卢国。自夫甘都卢国船行可两月余，有黄支国，民俗略与珠崖相类，其州广大，户口多，多异物，自武帝以来皆献见。有译长，属黄门，与应募者俱入海市明珠、璧流离、奇石异物，赍黄金、杂缯而往，所至国皆禀食为耦。蛮夷贾船，转送致之。亦利交易，剽杀人，又苦逢风波溺死，不者数年来还。大珠至围两寸以下。平帝元始中，王莽辅政，欲耀威德，厚遗黄支王，令遣使献生犀牛。自黄支船行可八月到皮宗；船行可两（八）月，到日南、象林界云。黄支之南，有已程不国，汉之译使自至还矣！

一般学者都承认黄支为今印度东南海岸一带，但对汉使沿途所经之地则争议颇多。大体来说，汉使赴印度是取道克拉（Kra）地峡附近地区，即到地峡东岸后，舍舟登陆，步行抵西岸后，再继续乘舟往印度。因此虽然当时中印间已有海上交通、贸易往来，由于陆运接驳，往来并不便利；由印度往西去，则早已有直达红海的海上交通存在。由前引文又可知当时国人西去主要以黄金及丝织品为贸易品，因此有学者认为当时中西交通中，不但有陆上的丝路，而且有以印度为中间站的"海上丝路"存在。在东汉西域交通断绝后，罗马市场上丝织品不减反增的事实，更反映了这条丝路在东西贸易上的重要性。

奇石

此外，当时对南海交通的门户

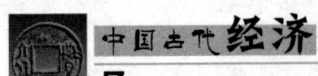

问题也值得注意。由这段记载及同时代其他记载来看，雷州半岛以西东京湾一带（包括合浦、交阯、杂真、日南等郡）是当时出入中国的门户。东汉顺帝永建6年（131年）叶调入贡，醒帝延熹2年及4年（159—161年）印度两次遣使来华，及延熹9年（166年）大秦王安敦遣使入贡均由日南、交阯入汉。后来对外贸易极盛的广州湾一带（番禺），此时虽也有海上贸易，但或来自东京湾的转运，或来自闽粤一带的沿岸贸易，并非外人入华必经之地。因此有学者将中国南海的交通以魏晋为界，划为两期，称"前期的交通枢纽在越南，尤其东京区一带"，因此，若直呼魏晋以前的南海贸易为"交州时期"，亦无不可。

除了由广东、交阯往东南亚的海上贸易外，由山东、河北一带东行往韩、日的海上贸易也逐渐形成。中国与韩、日的海上交通，最早起源于辽东、山东、河北一带与朝鲜的沿海交通，时间甚早。但直到公元前4世纪以后始因阴阳家者流海外三神山传说的刺激，使沿岸航行及越海航行有了长足的进步。到西汉时代，中国不仅与朝鲜建立了密切的关系，同时也开始与日本及其他岛屿有所接触。由于山东半岛至朝鲜沿岸航路的开通，西汉时由海路去朝鲜的商人已见于记载。中国商品，如丝、五铢钱、武器、漆器、铜镜等，也在朝鲜乐浪郡址一带大量出土。到后汉时期，中国与朝鲜进岛诸国，如马韩、弁韩等，已建立了朝贡关系。在公元107年以前，双方的使节往来已极为频繁。随着进贡关系的进展，经由海上的朝贡贸易及私商贸易自然也较前进步。关于日本，在西汉时代已有乐浪海外百余倭人国来献的记载。到东汉时，中日关系更有进展。《后汉书》明白地记载了倭国在光武帝中元2年（57年）及安帝永初元年（107年）的两次入贡。双方交易品，中国为金、丝及铜镜等，日本则为土产，特别是白珠。这几种汉代的物品近日在北九州出土的很多，充分说明了两汉时代中日间已有贸易往来。

六朝时期海外贸易的进展

汉末中原大乱，孙权割据江东，立国江南，对东南地区之开发及海外交通之发展而言，均有决定性的影响。在海外交通的发展上，孙权曾派卫温、诸葛直等率甲士万人，浮海求夷州及宣州；遣朱应、康泰南宣国化；更曾数次由海道联络远在辽东的公孙渊，这些措施无疑对海外贸易的发展有许多助益。随后东晋及南朝诸国亦均在客观环境的驱使下，继续这种"海向发展"

第五章　繁盛的商业与贸易

的政策，中国的海外贸易因之大为进展。

在南向与东南亚的交通贸易中，可由以下几项明显的转变，看出海外贸易的进展。先说航程方面的转变。从前引《汉书》"地理志"始载南海交通起，至唐代贾耽《四夷述》记广州通海夷道止，有关中国与东南亚海上交通的记载，言南海诸国来贡之事极为常见，但论及使节、商人的行程者则极少，因此要了解中印间来往行程颇为不易。不过，如以东晋人竺僧法显归程与《汉书》"地理志"所载比较，可见其间已有重大的改变。法显《佛国记》载其归程云：

> 多摩梨帝国即是海口……法显住此二年……于是载商人大舶，泛海西南行，得冬初信风，昼夜十四日到师子国……法显住此国二年……即载商人大船，上可有二百余人，后系一小船，海行艰险，以备大船毁坏。得好信风，东下二日，便值大风，船漏水入……如是大风昼夜十三日，到一岛边，潮退后，见船漏处即补塞之。于是复前……大海弥漫无边，不识东西，唯望日月星宿而进，若阴雨时，为逐风去，亦无准……如是九十日许，乃至一国，名耶婆提……停此国五月日（原文如此），复随他商人大船，上亦二百许人，五十日粮，以四月十六日发。法显于船上安居，东北行趣广州。一月余……于时天多连阴，海师相望僻误，遂经七十余日，粮食水浆欲尽……商人议言，常行时正可50日便到广州，而今已过其多日，将无僻耶。即便西北行求岸，昼夜十二日，长广郡界牢山南岸，便得好水菜……见藜藿菜依然。知是汉地。

法显归程是从印度恒河口的多摩梨启程，西南行至师子国（锡兰岛）。再由此乘舟航至耶婆提（在苏门答腊或爪哇），由此东北行直接赴广州，但因遭遇暴风雨，竟在海上航行4个月后，抵达山东半岛牢山湾登陆。

以法显归程与汉志所载海程比较，可明显看出其中的改变。除了中印间往来多靠"商人大舶"为媒介，充分的反映海上贸易的繁盛外，以下两点最值得注意。其一是往昔以克拉地峡附近地区为中印航海桥梁的间接来往交通已形衰微，而由印度南绕马六甲海峡或巽他海峡的直接交通渐形普遍，沿岸航行也逐渐转变成越洋航行，交通较前方便很多。其二是广州开始取代交州成为对南海贸易的中心。这些转变，无疑使中国与南海地区交通更为便利，因此双方交往日趋频繁，来往地区也日渐扩大。

东晋立国 103 年（317—419 年），南海诸国来贡的只有 9 次；刘宋只有 59 年（420—478 年），来贡次数却有 32 次之多；梁统治的 55 年（502—556 年）中，更高达 39 次；陈立国时期极短（557—589 年，仅 30 多年），国势又弱，降至 14 次。可见至少在陈以前，南海诸国来贡次数是递增的，双方接触也随着渐趋频繁。

汉隋间史书所载我国与南海来往诸国，也可见我国与南海交往地区之日扩大：

如后汉时进贡仅有四国，即掸国、究不事人、天竺与叶调，除叶调有争议外，余三国均在中南半岛。三国朱应、康泰奉使南海，究竟到过哪些地方，因康泰之书早已遗失，后人所辑均属断简残篇，即列有国号地名，亦多为以后记载所不见，唯所记之林邑与扶南则在中南半岛。《宋书》所载林兄、扶南外，又有阇波州、阇婆婆达国、婆利国、婆皇国及干陀利等，可能均在东印度群岛一带。《南齐书》仅林邑、扶南。至《梁书》所载最为详细，除林邑、扶南外，出现了向不见于记载的丹凡、盘（槃）盘及狼牙修三国，这三国都在马来半岛，因此由汉至南朝，中国直接接触地区已由中南半岛扩及南洋群岛及马来半岛地区。此外，在印度洋地区之印度（天竺）、锡兰（狮子国），也在南朝开始由海上与我国来往。但最值理注意的还是波斯来贡的记载，这是波斯萨珊王朝（228—651 年）大肆扩展印度洋海运交通的结果，也是隋唐时代中西海上交通大盛的前兆。

至于东向与韩、日的交通贸易，在六朝时期也有长足的进步。东汉末年，公孙氏割据辽东约 50 年之久（189—237 年），东吴曾数次遣使与公孙渊联系，船只有多至百余艘，人员有多至七八千人的，如此大规模的南北海上交通，在此以前不曾有过。随着江浙与辽东间海路的开通，东吴也与朝鲜半岛上的高句丽建立了商业关系。吴大帝黄龙 2 年（223 年），高句丽向吴贡了 1000 张貂皮及其他方物，吴王遣使封高句丽王为单于，并赐丝帛等珍品，吴使返国时，载有 80 匹马，所率船队之大可以想见。这是朝鲜半岛与中国南方建立海上商业关系之始。终南朝之世，双方往来均极频繁。

另外，与日本的交往也在曹魏时有重大进展。在公元 238 年到 247 年短短的 10 年当中，倭人 4 次遣使至魏，魏人亦两度遣使报聘，双方交易品仍如后汉时。《三国志·魏志·东夷传》更简略地记载了由朝鲜逯方郡（今汉城一带）南下，经对马、壹歧岛而至日本九州的航路。但更值得注意的还是往后日本与南朝交通贸易的事实。《宋书·夷蛮传》也简略地记载了日使来宋的航程，大约是由几内之难波（今大阪）解缆，沿濑户内海至九州筑紫，再北经壹歧、对马至朝鲜百济，再由百济横越黄海至山东，而后沿海南下，入长江达于建康。这条由日本直达建康的海路，随中日间航路的转变，有由北向南逐渐进展的趋势，充分的表现了航海技术的进步，与风向、海流等航海知识的增加。因此，中国与日韩间的海上交通亦日趋频繁。

总之，六朝时期由于印度佛教的大量东传及南朝诸国努力向外发展，使得海外交通，贸易有相当重大的进展。在南海地区来说，交通更为便利，交往地区更加扩大，而中外使节、僧侣、商人之来往亦更趋频繁。在东北亚地区，除了汉时已有的朝鲜与山东、河北一带的交通贸易外，日韩更开始直接与远在中国南部的南朝诸国往来，这些都是唐代以后中外海上交通大盛的潜在因素，也是世界性海上贸易圈终能形成的重要原因。

唐代世界性海上贸易圈的形成

隋唐时代无疑是开中外交通新纪元的重要时代。隋唐帝室系出自北方游牧民族系统，对外积极进取，胸襟开阔，又逢几位好大喜功的君主，故武功鼎盛。而久乱之后，恢复和平安全，文化也随而大盛。武功与文化均盛，遂吸引为数极多的外人来华。对来华外人，隋唐帝室无种族之见，对他们不但欢迎，而且给予种种优待。诸如设置市舶司专门处理外商贸易之事，外人居住之蕃坊，享有自治权，外蕃能应科举、与华人通婚，中国政府设蕃学教育其子弟等，这种态度与优待更鼓励外人大量来华。这是隋唐时代西域、南海之对外交通均趋兴盛的根本原因。此外，隋唐帝国国内交通的改善，也有助于世界性贸易圈的形成。

隋唐帝国统一中国，造成了国内交通史上的大革命。统一本身除去了若干人为的政治阻隔，已有助于国内交通的便利，而隋代开凿的大运河，联络南

《元和郡县图志》

北，成为隋唐帝国交通的大动脉，加以驿道设施完善，使国内交通更为方便。唐代的驿路交通，可由《元和郡县图志》约略看出。譬如由长安至广州，《图志》所载即有两线可循，一由洪州（南昌）沿赣江越大庾岭入粤，一由衡州（衡阳）沿湘江赴粤。而李翱"来南录"，详载唐宪宗元和4年（809年）他由东都洛阳赴广州的路程，更补充了经由大运河的一路，这是当时对外海上交通中心广州与腹地联络的干道。此外，在一些地势险峻不利交通而又为交通必经之地，也经改良而有利于交通，最有名的就是广州北来的要道大庾岭。大庾岭交通在六朝时已极为重要，但地势险阻，来往极为不便。至唐玄宗开元4年（716年）张九龄广凿大庾岭路后，南北交通即由"以载则曾不容轨，以运则负之以背"的现象，转变成"坦坦而方五轨，阗阗而走四通"，大大地改善了广州与内陆的交通，懿宗成通年间（860—873），高骈又整治广州通安南的水道，使舟行一无险阻，凡此种种都有助于帝国内外的水陆交通，论者有谓唐代这种改良交通措施，与近代商业政策之改善交通颇有相似之处。

　　隋唐政府开运河、设驿站、辟险阻等措施，均使帝国内部的交通大为便捷。内部交通的畅通，使得腹地货物运销国外，外国货物自海口行销内地均大为方便。国内交通便利实有助于唐代国际贸易的发达。

　　隋唐帝国本身的发展，足以影响唐代对外贸易的另一因素，应是东南地区经济的飞跃进步。隋唐时我国再度统一，在贞观、永徽、开元等治世下，经济空前发展，至安史之乱前后已由魏晋以降物物交换为主的自然经济逐渐转变成货币经济。而南方的发展，经过六朝的经营已有相当大的进步，隋开凿大运可，更加速当地的开发，至安史之乱，北方受到重大摧残，经济衰退，南方未受战火影响，经济发展更有超越北方的趋势，我国经济重心从此南移，到宋室南迁后，竟变为"北弱南强"的局面。因此隋唐之世，尤其安史之乱后，可以说是南方经营史上一个重要的阶段，这无论从人口的消长、水利设施的开发与工商业的发展上，均可明显看出。由赋税之仰仗东南也可以看出东南地区的日趋繁荣，唐高祖、太宗时，东南漕运岁不过20万石，至玄宗时用裴耀卿治漕运，3年共运700万石，平均每年高达230余万石；至德宗贞元年间，经运河北漕之粟竟年达300万石之巨。

　　运河的开凿与安史之乱是助长东南开发的两大要素。初唐以后，中外陆路及海上贸易均趋兴盛，但初期是陆胜于海；安史之乱后，北方残破，又因吐蕃入寇，陆道交通断绝，同时期的南方则未受战火影响，工商业发达。东西贸易遂全转由海路进行，故广州、扬州均盛极一时。广州得天独厚，兴盛

已有数世纪之久，固不必论。而扬州于唐代号称"扬一益二"，其兴起之暴，则与我国经济重心之东南移，及对外海上贸易之盛有重大关系。在国内交通贸易上来说，它位于运河与长江两大水系的交汇点，扼南北东西交通之要。在对外贸易上来说，它是对日、韩交通的贸易港，波斯，大食商人由广州经陆路、海路北来者又荟萃于此。如此有利地位，难怪扬州要"综海陆之要""为天下之通衢"了。

五代时期中国海外贸易

　　五代时期在中国对外贸易发展史上，居承先启后的关键地位，深深地影响了往后中国海外贸易的发展。在五代以前，掌握中外海上贸易者多为大食（阿拉伯）、波斯商贾，在此以后，则华商出海贸易者，日甚一日，往昔处商来贩的被动形态逐渐转变成华商出口贸易的主动形态。这种转变主要来自两方面：一方面是五代时期南方各地"浙、闽、粤"割据的影响，另一方面则来自这些国家主政者鼓励海外贸易的政策。在割据的形势下，过去经济一体的情形不再继续，诸国各成独立体系，自谋发展。而南汉（粤）及闽两地区因山多地窄，农业发展不易，因而均持积极鼓励海外贸易的政策，一方面"招来海中蛮夷商贾"，另一方面鼓励国人下海贩蕃。这些措施使得原本已有基础的海外贸易更加繁荣。兹以福建地区为例，略加说明。

　　福建地区自唐光启（886年）王潮据泉、漳二州起，至宋太平兴国3年（978年）陈洪进纳土降宋止，前后在割据的局面下独立发展达90余年。在唐代泉州初兴时，只是广州与扬州间的转口站，但到此时，由于割据独立，与北之吴越，南之南汉均在敌对状态下，故北与明州、杭州、扬州，南与广州的海上交通均形断绝，对外贸易只得避开以上地区，长途泛海贩易，泉州逐渐成为广州之外，独立从事南海贸易的另一港埠。而唐中期以后，北方移民大量入闽，人口骤增，农业生产初现不足，因此五代时期主闽政者，前之王蕃知，后之留从效、陈洪进，乃顺应主、客观形势的发展，主动积极的提倡对外贸易。在这种鼓励政策下，闽商大量出海贸易，形成宋以后福建商人在海外贸易中执牛耳地位的不易形势。因此福建地区的对外交通、贸易，非但未因五代时期政治割据受到不利的影响，反而是有更大的进展。

　　福建地区在五代的发展，充分显示了南方割据国家纷纷向海外发展的史实。广东、福建地处我国一隅，在"天高皇帝远"的局面下，原本就容易造成与中原文化歧异的现象。加以五代时期统治的君主又为传统下层社会出身，其文化与上层文化各有不同。商业在传统中国社会中虽被视为最低的一种职业，由于五代时期闽粤两地统治者对海外贸易的鼓励政策，遂使商业在两地的社会中占重要地位，造成粤、闽社会偏重贸易价值取向，这种情形尤以福建地区为最明显。至宋再度统一中国时，此种取向已根深蒂固，难做更改。这是宋以后华商大量出海贸易的根本原因，也是宋元时期海外贸易鼎盛的重要理由。

宋元时代海外贸易的重大进展

经过五代时期南方诸国（如南汉及闽）的鼓励政策后，华商（尤以福建商人为主）大量出海贸易，造成宋元时期海外贸易空前鼎盛的情况。这当然还有其他因素存在，譬如国内外主、客观形势的改变及航海术的进步等。在主观因素上来说，北宋初期对海外贸易严禁铜钱出口、禁往高丽、新罗及登、莱二州贸易等措施，对海外贸易均有不利影响。由于禁令执行困难，遂渐形

古代船舶航行的帆船

第五章　繁盛的商业与贸易

同具文，因此熙宁变法后，即正视此问题，对已往政策作了彻底的改变。一方面放宽海外贸易的限制，将这些未认真执行的禁令废除，使国人海外贸易的限制减至最少，以增加贸易数量。另一方面则对财政体系作一全面的变革，使权财税组织更趋系统化、制度化，而将前述化暗为明的海外贸易纳入体系之中，加强管制，以减少财税漏失，增加国库收入。因此铜钱出口禁令、往高丽贸易禁令均在熙、丰年间废除（前者在熙宁7年，1074年；后者在元丰8年，1085年），而市舶司则于广、杭、明三州外，增加泉州（1087年）、密州（1088年）、秀州（华亭县，1113年）、温州（1132年）、江有军（1132年）及澉浦（1246年）六处，以加强管制海舶出入，增加舶税收入，这是宋元时期海外贸易兴盛的第一项主观因素。

影响宋元时期海外贸易的第二个主观因素，就是宋室南迁的历史事实。在北宋一统时代，宋室继承五代系统，立国以传统的大陆性格为主。宋室南渡后，由于人口大量南移，东南地区经济持续成长，帝国重心落于东南沿海地区，因此传统大陆性帝国之形态逐渐减弱，向海洋的发展渐趋积极。同时由于南渡后宋室失去一半以上的州郡，兵荒马乱，赋税征收不易，而军团多事，开支繁多，因此财政极感困难。市舶司收入既逐渐增多，地位又多偏处东南沿海，因此宋室对市舶司更加重视，对海外贸易也更为鼓励。譬如对外商来贩数量达某一程度者，补官奖励；市舶有功官吏，如招诱舶货抽解达5万贯、10万贯者、抽买乳香及1万两者及网舶货入京而无损失者，都加官奖励。这些奖励也对海外贸易的发展有重大影响。

在客观环境方面，东洋贸易地区的出现是最值得重视的事。北宋以前，中国与南海的贸易只限于与位于广州西南方的国家交易，因此广州商贾都于冬季乘东北季风南下，即可抵达三佛齐（在今苏门答腊之旧港一带），从事贸易。其后由于阇婆（爪哇）、渤泥（婆罗洲）以及在今菲律宾群岛的麻（摩）逸逐渐开化，乃使我国与南海的贸易地区日渐扩大。这条由广州顺风南下的航线已无法到达上述新辟的贸易地区，东西洋一词遂逐渐出现。由广州顺冬季东北季风南下可及之区以西，谓之西洋；以东谓之东洋。东洋地区开始与宋交往，是宋以后对外贸易兴盛的另一因素，也是宋元时期泉州对外贸易逐步赶上广州的重要因素。

在航海技术方面，宋代有惊人的发展，这也是宋元时期海外贸易兴盛的重要因素。其中值得注意的是造船技术的进步、航海知识的增加及指南针（罗盘）之用于航海。在造船技术上，以福建地区最佳，海船"头尾尖高，当

163

中平阔，冲波逆浪，都无畏惧"，而出海贸易船只多为一二千科（即载重一二千石）的大船，合今 60～120 吨，更有大至 5 千科的"神舟"。晚近泉州湾出土的宋代海船，长 34.55 公尺，宽 9.9 公尺，深 3.27 公尺不等，其特点为长宽比小、尖底、多隔舱、多重板及双桅等，除甲板以上朽坏无从稽考外，均能与文献资料相符，可见宋代的造船技术已相当进步。在航海知识方面，宋后泉、广市舶司"祈风"仪式，最足以说明对风向的善于利用。我国沿海有极规律的季候风（或称信风，后因商贾多乘之往来，又称贸易风），冬季吹东北风，夏季吹西南北。能了解海上风向的季节性变化，进而运用其做最有利航海之安排，是唐以后中外海上交通贸易大盛的原因之一。而宋以后（唐代广州阿拉伯人已有祈风之举）广州、泉州市舶官吏，生居风期，均有祈风之举，"使风之从律而不愆"，说明华人对季候风的了解。以泉州为例，一年祈风两次，对南海而言，初冬为"遣舶祈风"，在孟夏则为"祷回舶南风"；对东北亚高丽、日本地区则恰恰相反。宋赵彦卫《云丽漫钞》载福建市舶司常到诸国舶船时说："以上船舶（南海）候南风方回，惟高丽北风方回。"可见舶商、舟子已颇知利用季候风往来国内外。何况指南针（罗盘）也在此时用于航海，当然更有利于海外贸易的发展。在指南针用于航海以前，我国船只航海，所恃除风向外，昼则观日，夜则观星，即仗天星以定方向，对航海有许多限制。指南针应用于航海（最早记载系北宋末年或《萍洲可谈》一书）则根本改变了这种形态；它应用于航海，使得已积压利用季风的我国舟子得到最精确的方向指导器。原来此时航海技术已相当进步，船舶顺风入洋，遇风向变化，除当头风外，均可调整帆篷方向，以顺风势继续航行，只要有更精密的方向指示器，航海范围当不限于顺风涛可至之处。因此往昔不顺风涛，海路又称凶险之处，海船亦能仗恃针路之指引，御风前往，对外贸易乃得以开辟更多的交通航线，前述东洋地区出现泉州直航当地的航线即为一例。以上这些主、客观的有利因素，就成为宋元时期对外贸易鼎盛的重要因素。

闭关主义下明清时期的海外贸易

宋元时代辉煌的海上交通，充分的反映了唐代以来对外开放政策下，中外贸易的飞跃发展。这种情形一直持续到明代初期，仍未稍减。此后却因明太祖对外政策的转变——由开放而封闭，使得几百年来繁盛的海外贸易遭遇了前所未有的阻碍。

第五章 繁盛的商业与贸易

　　明太祖之行海禁政策，理由是多方面的。明自创业开国后，虽将蒙元驱逐至大漠，但内陆蒙古的残余势力始终给明室极大的压力，是以开国后不得不集注意力于内陆沿边，对东南海上不愿再生事端，以免造成腹背受敌的困境。更有鉴于元代黩武海外，损兵折将，又恰值东南沿海海盗、倭寇猖獗，太祖数度遣使赴日谈判，均未能解决，因此颁下了影响深远的海禁政策，除了海防上的造船练兵、筑城置戍、巡海剿抚等措施外，更严禁人民下海贩蕃。这种政策不但违反了贸迁有无的自然要求，也忽略了沿海地区的经济环境，阻塞了唐、宋以来国人向海外发展的趋势，更逐渐丧失了国人在南海累世经营的成果。

　　海禁政策阻碍了唐宋以来国人出海贸易的行动，而外商也在明代的另一政策——贡舶贸易政策下，被禁止来华贸易，明代海外贸易因此益趋衰微。明代的对外政策消极保守，一反宋元以来不重朝赠而重贸易的趋向，重新强调并建立了所谓朝贡制度。这种制度在明以前即已存在，但有明一代之与前代，尤其宋元时期不同的是：前代之朝贡与私商贸易并行不悖，至明，则除朝贡贸易外，不许有私人贸易行为存在。在此制度下，海外诸国欲与中国通商，必须先在政治上与明建立宗藩关系，接受中国册封，奉朔称臣，然后由中国颁给贡舶勘合，作为来往封贡的凭信。持有勘合的国家，才能在修好朝贡的名义下附带货物来华，进行有限度的贸易。所带货物除贡品外，准许在市舶司港口及京师会同馆，由明官吏监督，开市3～5天。除此之外，任何私人贸易皆所不许，故谓之封贡贸易或贡舶贸易，是"有贡舶，即有互市，非人贡即不许互市"。在这种制度下，虽然明代也沿前代之旧，设置了市舶司，但此市舶司的性质已大异与前。唐宋元时代，市舶司除掌管外国入贡之事、设有来远等驿招待外使外，其主要职责则在主管中外商舶出入及舶货之禁榷、抽解与博买等事。明代既除贡舶外，不许私人贸易，市舶司遂成为专门负责接寮外使朝贡的机关，譬如宁波负责日本、泉州负责琉球、广州负责占城、暹罗及西洋诸国的贡使迎送。市舶司的对外贸易功能既失，中国对外贸易仍陷入全面停顿的状态。

　　贡舶贸易制度既结束了唐宋以来外商来贩的私商贸易方式，海禁政策又严禁国人出海贸易，宋元以来繁盛的对外贸易在短时间内被完全扼杀了。从此以后，对外贸易由开放转为封闭，由主动变为被动，影响往后的历史发展极为深远。

第五节
古代货币制度

通货利商——货币与信用

"货币"是学术上的术语，用通俗的话来说，就是"钱"或"钞票"。不过，我们在追溯某体对象的历史时，要注意的应该是这个对象的本质，而不是它的外貌，事实上在"钱"和"钞票"成为"货币"之前，已有许多东西被当成"货币"来使用。因此，只讨论"钱"和"钞票"的来历，并不能对中国货币史有完整的了解。

关键性的问题在于"货币"的定义是什么？也就是说"货币"的本质为何？经济学家以为"货物"的功能有三：（1）交换的媒介；（2）价值的标准；（3）价值的储藏。凡是能发挥以上这三种功能的货物就可称为货币。从功能上来定义货币是很恰当的，因为货币原本只是自然界中具有使用价值与交换价值的某种或某些物质，由于功能的增加或改变而成为货币。

在人类历史的初期，每个人为自己寻找或制造一切吃的、穿的、用的种种生活物资。社会分工发生后，某些人所掌握的某种生活物资较多，某种生活物资较少；另一些人情形相反。于是他们以多易少，以有易无，彼此交换，有了交易的行为，就形成了经济史上所谓的"物物交换制度"。

"物物交换"的方式是直接交换。交换的对手彼此之间都要事先了解对方的供给和需要。幸好初期的社会组织相当小，同一个社区的人彼此可能都相当熟悉，再者，经济生活比较单纯，因此物物交换尚不至于造成太大的不便。等到社会组织扩大，经济生活复杂化，物物交换就变得相当困难。于是，直接交换转成间接交换，人们以一种家家可能有、家家可能需要的东西作为中间交换的物资。好比说，一个人可以把自己多余的东西去换成谷子，再用谷

第五章　繁盛的商业与贸易

子去交换他所要的东西，大家都接受谷子，于是问题便解决了。

就这样，谷子便取得了"交换的媒介"之功能。同时谷子与各种物品之间有一个固定的交换比率，因此透过谷子也可以算出不同物品之间的交换比率，谷子因此取得了"价值的标准"之功能。最后，人们可以暂时将谷子收藏起来，等到需要别种物资时才拿出来交换，于是谷子也就有了"价值的储藏"之功能。三种功能都具备了，谷子便成为一种初期货币。当然，谷子只是一个例子，由于每个社会的历史条件不一样，因此作为初期货币的物品自然有异，这是可想而知的。

本文讨论中国的货币，便指具有以上三种功能者而言。但是在交换的行为之外，人们还有其他必须使用货币的地方，如缴纳租税。因此，货币的功能可以加上一项——支付的手段，当然，这也可以说是货币"价值储藏"功能的延伸。不过对历史货币的认定，这个标准仍是有用的。

中国经济的发展，到底从什么时候开始由"物物交换"阶段进入货币使用的阶段，文献不足，难以稽考。一般学者虽然同意《易经》上的说法，以为"神农氏定日中为市，以物易物"为物物交换时代。但以目前的历史知识而言，神农氏毕竟属于传说时代，而非信史时代。

大抵自有文字以来，就已在使用各种形式的货币，物物交换则可能与货币的使用一起存在过相当长的一段时间。《诗经·卫风·氓》有一句常常为人征引："氓之蚩蚩，抱布贸丝。"拿着布去买丝。这里所谓的"布"是什么呢？有人主张是铁币，有人主张是布币，有人主张是单纯的纺织品。如果后者的说法成立，则"氓"诗时代的卫国可能仍有物物交换的现象。

《孟子·藤文公上》上篇有一段文字，为许行与孟子的对话，讨论社会分工的问题。孟子问许行所使用的锅子、瓦罐以及耕种用的铁器由何得来？许行回答："以粟易之。"用谷子去换取其他生活物资，很像前面所提到的初期货币的味道。其实许行是个"农家"，致力于恢复古代的生活方式，而孟子的朝代早有更进步的货币在广泛流行着了。

行用最久的货币——圆钱

中国行用圆钱的历史差不多在2000年左右，其周边国家也受影响而采用这种形式作为标准货币。俗语将钱币称为"孔方兄"，不过说明了它的形状"外圆内方"，也说明了它在日用民生上的地位。

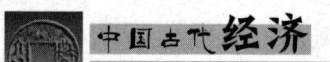

半两钱

圆钱早在战国时代即已出现，其出现的真正原因，则众说纷纭，莫衷一是。最早的圆钱铸的是圆孔，近于壁之肉、好皆为圆形的情形，稍后才变成内方外圆。这可能受到"天圆地方"观念的影响，也可能是兼容"圆而神，方以智"的理想。不过，方孔也罢，圆孔也罢，孔的真正用途在于穿线成串，便于携带。

圆钱定于一尊，是在秦始皇时代完成的。秦统一中国，推行"书同文、车同轨"以及度量衡及法律的统一，货币的统一当然也在内。所以《说文》上说："至秦，废贝行钱。"事实上，秦始皇所废止的不只是贝，而是圆钱以外一切的战国货币。秦时所推行的货币是称为"半两钱"的圆钱。此处的"钱"当然只是泛指货币，而不是专指铲形币了。

"半两钱"意味着它是一种"称量货币"。战国时代，由于货币种类繁

第五章　繁盛的商业与贸易

多，难以建立固定的兑换率，颇造成交换上的不方便。幸好这些货币都以青铜铸成，因此用称量的方式来兑换，当然也就成为最有效、最广为接受的方法。所以战国后期不但有了圆钱，而且也有了半两钱。半两钱上标示有"半两"，可以不用再过秤，省掉了兑换的手续。不过秦代享国的时间太短，想要推行的统一政策又太复杂。"书同文，车同轨"或许办到了，货币却因为由人民直接持有和使用，统一的工作遂未完全完成。汉初通行榆荚钱、四铢钱等小钱。大小、重量都不及半两钱。钱薄而轻，社会上盗铸、私铸的情形相当严重。直至汉武帝元狩5年（公元前118年）开始铸造并推行五铢钱，货币才统一起来。由于五铢钱的成功。因此五铢钱也成为汉代的政治象征。是以王莽篡汉，便废行五铢钱；光武帝刘秀再造汉朝，便恢复五铢钱。到了东汉末年，董卓又废五铢钱为小钱。三国时代，刘备曾短暂地恢复五铢钱，但未成功。从三国以迄魏晋南北朝，同具使用价值与交换价值的商品货币又在广大的地区流通起来，取代了铸币，这是所谓"中古自然经济"的时代。不过长江以南的地区，仍有铸币流通，并且以沿用旧有的五铢钱为主，有时候各王朝也铸造新币，但仍以"五铢"为标准。北朝偶尔也有铸造五铢钱的事。要言之，"五铢钱"一直是社会上最愿意接受的货币。有趣的是公元5世纪时，西域的高昌国（在今新疆和阗附近）也自铸五铢钱。可见得五铢钱长期拥有"强势货币"的地位，而成为东亚世界的标准货币。

隋、唐时期主要的铸币是唐高祖武德四年（621年）开始铸造的"开通元宝"，因为钱呈环形，所以也常被认为"开元通宝"，很容易让人误以为是唐玄宗（他的第二个年号为"开元"）时造的钱。但从五代及宋初皆铸造"汉通元宝"、"周通元宝"和"宋通元宝"的情形来看，应该读成"开通元宝"较好。唐代历朝皇帝都曾铸用"开通元宝"，因而流传下来的不少。

我们常见到的圆钱，钱面往往铸有当朝皇帝的年号，再加上"元宝"或"通宝"两字。"元宝"或"通宝"大抵即源"开源元宝"或其误读"开元通宝"。在圆钱上铸上年号，最早当推五胡十六国时代的成汉（氐人李雄在四川成都所建立的国家，304—347年），其所铸的圆钱上有"汉兴"年号。往后的大小朝代也常铸上年号，如唐太宗、高宗就曾分别铸造过"贞观通宝"与"显庆通宝"。不过整个唐代及五代时期，仍以"开通元宝"的币信最好，因此这些铸有年号的圆钱并不十分流通。

到了宋太宗即位以后，先铸"太平通宝"（太宗的第一个年号就是"太平兴国"），后铸"淳化元宝"（"淳化"是他的第四个年号）。此后凡是改元皆铸新钱，在"通宝"或"元宝"之上冠以年号，一直沿用到清末。

"半两钱"以后的铸币均有一定的重量。秦、汉时 1 两等于 24 铢，所以半两钱重 12 铢。五铢钱重 5/24 两。开退元宝每 10 个钱重 1 两（唐两），即每个钱为 1/10 两。1 唐两等于 3 汉两，因而开通元宝的重量为汉五铢的 1.44 倍。"钱"最初只是农具的名称，其后发展为货币的同义语，并且也成为铸币的计数单位。自开通元宝行使后，1 钱等于 1/10 两，钱也代替了铢，成为次于两的重量单位。

"半两""五铢""开通元宝"以及历朝的通宝或元宝是一般的标准货币，大体都用铜（以铜为主的合金）铸成；但也有例外。铅和铁皆会被用来铸钱。铁钱最早出现在新朝末年（公元 1 世纪初）公孙述割据蜀中时。三国及南朝也都行过铁钱，不过都未发生大作用。铅钱出现在五代南方的闽（王番知所建，897—945 年），同时也流通铁钱。附近各小国均起而效法。据说当时村落行使铜钱而都市行使铅、铁钱，这样使得载运物品来城市贩卖的乡民不得不将他们得的货币就地消费，而将城市的产品输出。到了宋代，大体上都使用铜钱，只有四川仍然使用铁钱；在山西、陕西沿边地带则兼行铜、铁钱，并且禁止铜钱"阑出界外"目的在利用价值较低的铁钱阻止货币流入他国。宋以后铅、铁钱大致上就不再使用了。

小型圆钱为标准货币。此外，在历史上也常有大型货币的铸造。战国时代铲形币的铭文上已出现过"二""两"等字，杨联升以为这种钱即相当于普通铲形币价值的两倍。

古代最著名的铸造的例子是《国语》"周语"所提到的周景王（公元前 544—前 520）铸大钱的故事，尽管景王所铸的钱是圆钱或铲形钱，颇有争论，不过他所铸的是一种比原有的钱为大的钱则无疑问。所以单穆公说他"废重用轻"。由此可知只是用大钱来代替小钱，而非大、小钱并行。

西汉以来也常有大钱的铸造，并且与小钱并行，但是大钱与小钱之间的价值比率却与其重量的比率不相当。比如说汉武帝所造的"亦仄钱"（或作"赤侧钱"，意思是说它的周缘为红色。汉五铢钱无周郭，赤仄钱才有）。大小，铭文均与五铢钱无异，可是却被当作 5 个五铢钱来使用。后代的大钱则通常铸上"折二""折三""当五""当十"等字样以表示其与标准圆钱之间的兑换率。

历史上行使大钱几乎全都失败。主要的原因是象征铸币的概念未全形成。因为圆钱基本上仍是商品货币，币值受材的市场价格影响甚大。政府铸造的

大钱，法定的价格还大于其币材的价值。铸造大钱的目的在筹措财政的经费，而不在便利交易。因此，相对地贬低币材的重量便成为铸造大钱的不二法门，遂使大钱成为劣币，小钱也就相对地成为良币。可是大、小钱的币材完全一样，"劣币驱逐良币"的"格来玄定律"便不发生作用。人们并不将小钱储藏起来，只行使大钱，而是大钱被迫贬低其兑换率，最后被淘汰掉。

个别的圆钱，称为一文或一钱，价值不大，所以圆钱常常成千成百地来使用。宋及宋代之前，每千个钱称为一缗或一贯，宋代后则称为一吊一串。这些钱都用绳子穿起来以便携带，所以《史记》"平准书"上说："京师之钱累巨万，贯朽而不可校。""贯"就有绳子的意味。至于100个钱穿在一起。则称为一"陌"（或佰，皆读作百）。不过贯、缗、串、吊虽然代表千钱，而陌代表百钱，但在实际的运用上并不如此单纯。中国有一句老话："说大话，使小钱。"在此"小钱"就是指不足的"贯"或不足的"陌"，也称为"省贯"或"省陌"，有时候就简称为"省"。例如宋代，"一贯文省"就代表770个钱。这样的用法是官方所认可的。因此，相对地，百分之百的贯或陌就叫做"长钱"或"足陌"了。早在公元1世纪的《易林》就有"长钱善价"的话，而4世纪的《抱朴子》更云："借人长钱，还人短陌。"可见其历史之悠久了。

历史上的金、银钱币

在外国历史上，金、银铸币一直很盛行。早在公元前550年以前，吕底亚（在埃及尼罗河流域中、下游）国王就开始铸造一种叫做"electrum"的金银合金货币了。在中国，银铸币的使用却极为稀罕。

中国古代唯一可以找到的黄金铸币的例子是战国时代楚国的"爰金"。在长江流域发现的爰金呈四方块形，有时候还块块相连，并不分割。爰金上的铭文有"陈""郢"或"寿春"等字样，这都是楚国都邑的名字。所以爰金也分别有"郢爰"等名称。爰金之外，国史上便不再有以黄金来铸造货币的例子。

历史上黄金的使用，大抵皆采用称量的方式。战国时代，黄金以"镒"为单位。"镒"一说20两，一说24两。不知孰是。汉代改以斤为单位，并且法定1斤黄金值钱（五铢钱）1万，1斤16两，384铢，相当于77个铜钱的重量。金、铜之比价约为1/130。六朝以下，以迄隋、唐，黄金开始以"两"

为单位。同时，唐以后，一"镒"就指1两。黄金所以称量为主，并且使用的重量单位越来越小，主要是因为其价值高，必须如此方能较及锱铢。

白银在汉代通常叫做"白金"（现在称为"白金"的，则是另一种金属——铂）。汉武帝时，曾经以白金铸币，但行用的时间极短（公元前119—113年），以后就不再有银币出现过了。

五十两银元宝

大抵而言，黄金在汉代流通较广，白银则不甚通行，六朝时代金、银几乎都丧失了作为货币的地位，直到唐、宋才再恢复，唐以后银的流通则比黄金来得广泛。

唐以后金、银的使用，大都是以金块和银块的方式流通。"锭"是最常使用的单位。在唐、宋、元三朝，一锭等于50两；明代以后，一锭就变成了5两了，这种变化也意味着其使用更加普遍。

唐、宋代的金、银锭目前都有部分样品流传下来，唐代的银锭形式为直角形块状；宋代银锭则呈"工"字形，近于铁轨横截面的模样。

唐、宋时代的金、银锭若非用于馈赠，也以上层阶级的人士使用的情况为多。至于零碎的银子，在缴纳公课上，从北宋以后日渐重要。

宋代，银还有一项很特别的用途，即用于支付西夏、契丹（辽）以及金国的岁币。这些支付数目都很大，每年由宋朝派人解送到边境上交割。

由于宋与邻国之间有边市贸易，草原民族借此向农业民族购买些生活物资，因此透过贸易上的顺差，宋又收回了一些金、银。同时宋与南洋，日本、朝鲜的贸易也输入了一些金、银。从这个角度看来，金、银也是宋代国际贸易的清账工具。

宋元时代由于煤、铁的大量使用，技术的突飞猛进、经济长足地发展，使得商业十分兴隆，从而交易性巨额的支付成为必要。此时金、银在商业支付上尚未扮演重大角色的原因，主要是因为宋、元时代纸币及其他信用工具十分发达，因此在"替代效用"的情况下，金、银的地位便不显著了。

金朝曾经发行过一些银块，重量分别自1两至10两不等，名为"承安宝货"。这是因为金朝曾发行过叫做"银钞"的纸币，"承安宝货"乃是用来作

第五章　繁盛的商业与贸易

为发行准备，以备持钞者兑现用的，"承安宝货"流通的时间很短（1197—1200年），亦难视之为铸币，历史意义不大。

明、清时代由于纸币的失败，金、银在公、私巨额支付上就取得重要的地位，又由于"一条鞭法"的实施，上供物料、租赋与劳役皆可以用现金折算支付（称为"折色"），白银的用途就更加广泛了。著名的"金花银"就是折色用的主要货币。

一般而言，黄金作为货币来使用，在明、清时期都不会普遍。到了清代，差不多就不以黄金为支付工具，而仅视之为一般的商品了。可是白银的使用却格外地发达，甚至于关系着王朝的兴迭。

由于白银的普遍使用，五花八门称呼银子的术语也跟着出现了。"白银""花银""雪花银"都用来指成色较好的银子。而"细丝纹银"大概是其中最常用的术语了。在中国一般人即简称之为"纹银"；与中国贸易的西洋人则名之为"细丝"。细丝纹银通常熔铸成马蹄的形状，所以也叫做"马蹄银"。又因为"开通元宝"为著名的货币，因为元代以来银锭也常被唤成"元宝"。不铸成锭，零星使用的碎银，在唐、宋时代叫做"饼"；明、清时代则叫做"锞子"。

由于银子常常要切成碎银的形状，以用于较小额的支付；也常常要铸成银锭，以便于计算和储藏，因而就有将碎银倾铸成银锭的店铺出现，在北方叫做"炉房"，在南方叫做"银炉"。但是各家店铺所铸的银锭成色（含银的百分比）往往不同，因此在商业兴隆的地方常常都有名为"公估局"的组织来鉴定银子的成色，以便确定其交换的价值。"漕平""八规圆"与"行平"即是为了兑换上计算的方便而设的"虚位货币"——实际上没有这种成色的银子，但设定一个成色标准（亦即价值标准），先将不同成色的银子兑算成某一虚位货币，再来彼此交换，便很容易了。

明清时代白银的发达，一方面是因为云南银矿的开发，更重要的是（地理大发现）之后，西班牙人东来，与我国进行沿海贸易。西班牙人自墨西哥运来的大批的白银，在对华贸易逆差的情况下，白银大量经由菲律宾输入中国，造成中国货币供给的急速增加。白银充斥市场，取用甚为方便，更因流通数量大，而刺激了物价的上扬。

从外洋流入中国的白银，通常皆以铸币（银圆）的形式进来。这些银圆有的被国人熔铸成银锭，而在沿海各省则常常以原来的形式使用。尤其有趣的是整个清朝统治时期的中国台湾，可能因为受过荷兰、西班牙人统治的影响，非外国银圆不得通行。凡是从内地解到饷银（形式为银锭），必须先向当地行户兑换成银圆才能行用。

清代银子使用的情形极为复杂。以上所提到的，大抵仅是鸦片战争（1840年）以前的现象。鸦片战争以后，中国经济的面貌大起变化，货币的使用简直就进入了一种无政府状态。此时银子的使用更十分复杂而难细表了。

纸币与信用工具

货币的功能之一为价值的储藏，意味着它随时有兑换成商品的权力。因此，从货币的持有者来说，他就像是商品所有者的债权人，而有向商品所有者求偿的权利。这种求偿权的抽象意义，便是所谓的"信用"，表现信用的工具很多，纸币亦为其中的一种。

唐代的"飞钱"通常被认为是中国纸币的起源。这点颇应加以商榷。日

飞钱

第五章　繁盛的商业与贸易

本学者仁井田升以为飞钱可以称之为汇票，这是个相当接近事实的说法。至于将之视为支票，或者视为完全的纸币，那就言之太过了。

关于"飞钱"《旧唐书·食货志》有如下的记载，可以帮助我们了解它出现的背景：

> 贞元初，禁钱出骆谷、散关。张滂奏禁江、淮铸铜为器。时商贾至京师，委钱诸道进奏院及诸军，诸使，以轻装趋四方，合券乃取之，号"飞钱"。

这段文字的第一部分可分两点来说，即唐宪宗贞元年间：（1）禁止将铜钱携出骆谷（通汉中盆地之洋县）及散关（却大散关，在宝鸡南方），也就是禁止将铜钱携出渭河平原（关中）以西、以南的地方，可能一方面是因为安史之乱以后，这些地方形同异国，另一方面亦借此以保护关中的货币存量；（2）张滂上奏，禁止江、淮地方的人民用铜铸器使用，江、淮这块关中以东、以南的地方，安史之乱以后仍在唐朝控制之下，若用铜铸器，则亦免不了减少货币的流通量。

总之，安史之乱以后，唐朝社会的"中古自然经济"已成过去，社会上对现钱的需要日益激烈，因此采取以上两种措施来维持货币存量。"飞钱"也就在此时出现，对于货币流通的数量有所贡献。引文的第二部分才是"飞钱"行用的情形。

唐代前期地方最高的行政单位为"道"。各道为了办理公事的方便，在首都长安设有联络办事处，称为"进奏院"。从名称上，可以了解转呈奏章或进呈贡物原本是进奏院的基本功能。开元、天宝以后，节度使的地位高涨，在原有的地方行政体系上叠架起一层新的组织。引文中的"诸军、诸使"就指这些节度使在京师联络办事处。

中国幅员至为广大，地方上岁岁年年要将收入的一部分解送到京城，供皇室、官员、军队使用。同时，四方商人将商品运送到京师贩卖，势必要取回现钱。这样地方政府将现钱解往中央，商人自亦将现钱运回地方，增添无谓的劳务，于是"飞钱"应时而

大清银票

175

出以节省这些劳务。

"飞钱"即是商人在京师交易，取得现钱，将这些钱交给各自所属的道"军"进奏院（进奏院即可用这些钱来缴纳上供），而领取一张叫做"公据"的文牒。这种公据分成两联，一联归商人收执，携回本道（所谓"轻装趋四方"），一联由进奏院至本道地方政府。商人回到本道，向地方政府核对公据后，即可以领取现钱。因此"飞钱"的性质与现代意义的汇票十分类似，这样做，一方面便利了地方政府，另一方面也便利了商人（所以"飞钱"又叫做"便换"），同样京畿一带的铜钱也可免于外流。

宋代经济飞跃成长，信用工具也十分发达。其中最著名的就是所谓的"交子"。"交子"也就是"交易之媒介"的意思。

交子最早出现在益州（四川成都）。因为四川这地方在宋代是个特殊经济区域，通行铁钱，每10个铁钱才值1枚铜钱，因为铁钱的价值小，因此稍大的支付就要用很多的铁钱，沉重不便携带，尤其对行商而言，更是麻烦。于是便有了交子的发明。

四川商人将笨重的铁钱存入货栈性质的"柜坊"，然后提取其收据（即"交子"）作财务支付，当宋真宗在位时（998—1022年），政府认可16家富商有发行交子的专利。这些富商就称作"交子户"，其柜坊则称为"交子铺"。起初，交子以3年为一"界"（期限），到界即兑换成现钱。因此交子极类似现代信用工具的可转让定期存单（但无利息可得）或银行本票。可是这些交子户由于未能控制其发行准备。以至于后来到界而无法兑现。

宋仁宗在位的第一年（天圣元年，1023年），交子改由国家发行，仍然定界兑现，且发行量更大。北宋末年蔡京当政时，交子也曾推广到四川以外的地方，如河东、广西等地，但为时甚为短暂。

改由政府发行后的交子，仍因准备不足，先是经常"展界"（延长兑现的期限），或者发行新交子以换回旧交子，而不加以兑现。如此遂造成交子的信用低落，不断贬值，从而丧失其信用工具的资格。这是北宋末期军费遽增，政府采取多发行交子以筹措军费所造成的后果。

宋代发行的另一种信用工具是"交引"。"交引"是一个通称，凡称"茶引""盐引"者皆属之。交引起源于"便钱"，仿照"飞钱"而来，汇票的意味较重。这是配合北宋的"入中法"与茶、盐专卖而使用。宋代的"入中法"就像明代的"开中法"一样："令商人入刍粮塞下，酌之还近而为其值，取币价而厚增之，授以要券，谓之交引，至京师给人缗钱，或移交江、淮、

给予茶、盐。"商人纳粮边地，取得凭据，然后到京师换取现钱，或者持"交引"到江、淮去领取茶，盐稍售。因为宋代专卖制度下要有"茶引""盐引"才能合法行销。"引"是一种汇票或提货单，可以转让，可以偿付债务，具有"近似货币"的性质。"交引"后来因为政府不能依照约定兑现而丧失其信用。

南宋发行的信用工具以"会子"最为重要，其先驱则为"关子"（"关"字原本即有"期限"的意思）。"关子"是南宋初年发行筹措并支付军事开销而发行的，以3年为界；同时发行的也有一种"公据"，以2年为界。关子、公据是为军饷而发行，又定期兑现，颇有一点"公债"的意味，但国家不支付利息。并且关子、公据也都可转让，可偿付债务所以与公债不同。最初的关子也曾以兑换实物为主，很像"茶引"或"盐引"，后来改兑现钱，而有"见钱关子"之名。见钱关子流通的时间不太长，在南宋高宗绍兴36年（1106年）开造会子以后就停止行用了。

会子原先由民间发行，后来由政府收回发行权，改由官方发行，所以也叫做"官会"。起先在杭州"临安府，行在"发行，叫做"行在会子"，后来也在别的地方发行过一段短时间。会子面额较大（最低面额两百文），套色印刷。此外，它的性质与交子没有什么两样。有人以为清代的"会票"即与南宋会子有所渊源，那应该是指它的汇兑性质。会子的结局与交子一样，由于准备不足，管理不善，最后也丧失了信用。

交子与会子可以说是两宋时期最接近纸币的信用工具。其间，金朝统治下的中原地曾发行纸币。因面额的不同，也有大钞、小钞之分，但发行得很差。所以金章宗承安年间（1196—1200年）发行"承安宝钞"时便铸造名为"承安宝货"的银块以为准备，却徒劳无功。

元、明两代发行的纸币比宋、金时代进步，更具有现代银行券的意味，但也失败得更彻底，使得往后几百年中，纸币不得不暂时退出中国货币经济的舞台。

元代代表性的纸币是"交钞"，最有名的是"中统元宝交钞"，简称为"中统钞"，发行于元世祖忽必烈在位的第1年（中统元年，1260年），有10文、20文、30文、50文、100文、200文、300文、1贯文、2贯文各种面额。"中统钞"不定界，可随时兑换成现钱或现银，其发行准备金则包括了金、尤以银为主。为了促使中统钞的通行，从公元1262年起，废止铜钱及金、银的货币资格，并且在公元127年后发行面额更小（2文、3文、5文）

的"厘钞"以为辅币。在最初的20年中，由于审慎的发行，并且有几近百分之百的发行准备，因此中统钞发行得相当成功，币信很好。此后由于元朝国势衰颓，政府虽然透过发行新钞以重建币信，或者严格禁止金、银流通，以强化交钞的货币地位，都不能再使交钞成功地流通。

洪武八年（1375年）重行发行纸币，称之为"大明宝钞"。由于是太祖朝开始发行的，所以明代历朝皇帝所发行的宝钞都保留下"洪武"的年号以示尊敬。宝钞与铜钱同时流通，或者搭配使用，而禁止市面上以金钱交易。但是人民重视金银，轻视宝钞，实钞遂又丧失了信用。因此洪武26年（1393年）又暂时禁止铜钱流通以强化宝钞的货币地位，其后更进一步准许以宝钞缴纳盐税。到了宣宗德4年（1429年），更创立了十二"钞关"，准许用宝钞缴纳关税，以收回宝钞，增强币信。不过这个努力收效不大。此后银子与铜钱又渐渐恢复货币地位。大抵而言，鸦片战分以前的明、清时代，银子与铜钱才是社会上最为人接受的货币。

历史上发行纸币，借以维持其信用的方法有二，即"以钱称提"与"以法称提"。"称提"一名出现自宋代，意思与"收回"极为相近。凡是以铜钱、金、银等实持为准德以收回纸币的情况，就叫做"以钱称提"；凡是硬性规定纸币与现金之间的兑换率，或者新、旧纸币之间的兑换率，就属于"以法称提"，在此情况下政府往往不以准备金收回纸币，不过却允许用纸币缴租税。

古代信用制度与借贷行为

从信用制度来说，发生在中国最早的应该是当铺了。其起源可以追溯到六朝时代佛教寺院所进行的典当行为。自彼时以来历久不衰。直到今天，街头巷尾仍可看到挂着"当"字的招牌。当铺起先由僧人经营，唐代以后也有俗人从事这个行业。到了明代，寺院衰落后，当铺便完全成为俗人专营的事业。

"当铺"是现在大家熟悉的名称。唐时，通常称为"寄附铺"，宋代称为"抵当库"或"解典库"，元代法律上将"典当"分成典、当、质、押四个等级。基本上是依融通金钱的多寡为断的，虽然各地方的真正指谓仍有差异。

当铺通常接受消费性抵押贷款。不分穷人、富人，也不必对个人信用调查，因此当铺成为穷人求急的方便机构。到了18世纪中叶，有些当铺也发展出一点商业银行的性质。因为它们将现钱贷予商人从事米、盐、丝绸、棉布

第五章　繁盛的商业与贸易

当铺

一类商品的生产或买卖。

　　有许多人将典物送入当铺之后即不"购当"而造成"流当"。流当品便被拍卖以收回本钱。拍卖也是一件渊源久远的行为，其起源大致不晚于典当。在六朝时代，拍卖叫做"唱衣"，也简称为"唱"。

　　典当以外最早的信用制度则为合会。现在各大都市到处林立的中小企业银行，昔日称为"合会诸蓄公司"，是从民间的合会发展出来的。合会是目前仍然极为流行的一种筹措金钱的信用制度。

　　合会的起源，依杨联升的研究，应该追溯到南北朝时代的"社"或"社邑"。敦煌发现的古文书中所揭示的事实告诉我们："社"或"社邑"是附属于佛教寺院的社会性、宗教性结社，其目的本在崇仰佛教，但在某些事例中也发挥了一些社会的、经济的功能。好比说为其社友筹措丧葬、行旅的费用等。就这样，出现了早期的合会。后代的合会也常沿袭古代的称谓，而有称之为"社"的。合会由一个人出来邀会开始。邀会者习惯上称为会首，应会首邀请而参加的合会者称为会脚或会员。会首、会脚于收会时所得之金额，谓之会额；每一位会员按期给付的金额则称会金。会金分成轻、重；已得会之会员称为重会，其所付之会金称为重会金；尚未得会者称为轻会（俗称活会），其所付之会金称为轻会金。

合会因其使用会额之先后顺序的方法有所差异而有种种的名称，如输会（新安会、至公会、与隆会等属之）、摇会、标会（写会，也称为划会）、长寿会（孝衣会、葬社等属之）、摇干会（又称为单刀会，一字会等）之类。

兹以标会为例：标会有内标与外标两种方式。所谓"内标"，即重会金固定，轻会金则由重会金扣除和得标者竞标时所愿支付的利息。"外标"则固定经会金。重会金则于轻会金外再加上自己得标以后，历次得标者所愿支付的利息。

以上所提到的"利息"是社会上通俗的用法。若照经济学上的严格的意义来说，一个得标者真正支付的利率要受得标前各期（内标法）或以后各期（外标法）的"利息"影响。内标法可以预料自己支付的利率，外标法则要等到整个会轮完才能确知个人所支付的利率。一般而言，内标法较为通行。

不过利率并不是会首或会脚的主要考虑。会首固然是为了一时之需而组会，会脚则往往以帮助亲友强迫自己储蓄为理由而参加某一个会。因为会脚之间往往沾亲带故，是以信用不必再加调查，是一种便利的筹钱的方式，因而历久不衰。

票号与钱庄

典当与合会皆以筹钱为其基本特色，在近代以前，则有两种类似后代银行的行业出现，在中国信用制度史上大放异彩。其一为"山西票号"，其二为"钱庄"。

"票号"的前身据说与"镖局"，与"保镖"的行为有很密切的关系。"镖"字也可写成"镳"。据日加藤的考证，有关"保镖"的行为要以《金瓶梅》一书中所提到的"标布"及护送"标布"的行为最早，那大概已是明代中叶的事。不过，有镖局或镖行的组织则应该是入清以后的事了。

明嘉靖、隆庆年间（1522—1572年）以来，经济高度发展，商业十分兴隆。于是巨额的银子经常要做中、长距离的搬运。由于地方治安未见良好，于是镖局便起来从事保护这些银钱安然运达目的地的服务。开设镖局的人通常是几位武术家，俗名为"把式匠"。他们除了功夫外，没有资本、没有财产，只有"字号"（信用）。所以当时有一首诗说道：

资本毫无又无房，租间店屋便开张；成千成万交银两，字号全凭姓氏香。

整个清代时期，镖局十分发达，不但在清代小说《彭公案》《施公案》中到处有镖局的影子，就是平汉铁路（芦汉路）的工程费，也都是由镖局运

往各工地支付的。然而银钱的运送毕竟太费，有时也非必要，于是就有"票号"兴起，以汇兑来取代部分镖局的服务。

"票号"几乎全由山西商人来开设，其中的原因当然与山西商人的发达有着密切的关联。经营票号的山西商人大都来自平遥、太谷、祁县三处，总号也都设在那里。

票号真正出现的时间并不算早，照一般的说法，它开始于嘉庆年间，也就是公元 1800 年以后，当时平遥商人雷属泰在天津开设"日升长"染料铺。为了从重庆购染料，他经常要运送大宗的现金到四川（这可能即托付给镖局）。为了免掉这个麻烦，他便想出了汇兑的办法，而将"日升长"染料铺改成"日升昌"票号。山西一些布商也仿照"日升昌"的模式跟进，很快的票号就普及全国。

票号的主要业务是汇兑，所以也叫做"汇兑庄"。由于山西商人的势力遍及全国各大城市，因而得以乘便提供这种服务。除了接受民间的委托外，山西票号也承担地方税收（解赴北京）与军、工饷银（解赴各地）的汇兑。票号可以经由票据的清划抵兑，不必直接运送大量的现金，因而既安全，又省运费，从而获得不小的利益。

稍后于票号出现在清代商业界的信用机构是"钱庄"。钱庄的前身为银钱兑换业的经营者，要到"南京条约"以后，洋人在上海设置银行，才诱发国

票号

人改变钱庄营业内容,而从事现金的收解;再等到太平天国之役以后,钱庄才开始营存、放款的业务。

以清末、民初上海的情形来说,钱庄可以依规模及营业的内容区分为两大类。一是汇划庄,入钱业公全(具有票据交换所之性质)者。各庄所发行的期票——壮票——可以互相抵兑,不必支付现金,与现代银行的支票制度相似。二是元、享、利、贞字号庄:此四种庄分别经营现金收解与兑换。

总而言之,钱庄业经营的内容较为狭窄,往来的客户也以同一城市的商人为主,不似山西票号之具有全国的影响力。钱庄以上海、汉口两地特别发达。

除了以上的信用制度、信用机构外,借贷行为可以说是最古老的信用行为了。《壮子》"外物"篇有著名的"壮周贷粟"的寓言。《史记》"冯谖传"更有冯谖为孟尝君毁券(借据)市义的故事。这都是人人耳熟能详的,可见得借贷行为与借贷机构的起源均甚早。

中国古来即有的借贷,其内容通常包括了金钱、米、粟、盐、麻、绢、丝、褐之类。要言之,以消费性借贷为主。

借贷有必须支付利息者,有不必付利息者。唐、宋法律将无利息借贷称为"负债",将有利息的借贷称为"出举"。"出"是提出原本的意思。"举"则是以获得利息为目的的意思。

唐、宋以米计算利息,以"分""厘"为利率单位。用于指年利率时,"分"为10%。"厘"为1%,用以指月利率时,"分"为1%,"厘"为0.1%。由于借贷的目的主要是为了消费,以救燃眉之急,因此传统的思想均主张对高利贷加以限制。

自汉代以来,历朝历代官方对利率的上限差不多都加以规定。就元、明、清的情形而言,月利3分(年利36%、闰年39%)就是上限,过此便成为非法的高利贷了。不过因高利贷而获罪的事例在历史上毕竟少见。因为政府虽然考虑到高利贷的恶果,但是并不真正地认真禁止,而借贷属私人之间的约定,政府想要插手也不容易。至于民间实际上通行的利率,唐时月利率约在6%~10%,而宋、元以后则降至3%~5%。这种下降的趋势或许与纸币、银两的采用,促使货币供给量增加,一般人较易取得现金有关。

"赊"或写作"賖"也是一种很类似借贷的信用行为,所以"赊贷"常常联在一起讲。在《周礼》著成的时代以前,"赊"即已存在。到了王莽行"六莞"的经济统制政策时,"赊贷"也是其中的一项。则"赊"的习惯也是源远流长。

第五章　繁盛的商业与贸易

"赊"简单地说，就是"挂账"的意思，虽然在宋代以后，它特别被客商、牙人、铺户等利用于自产地运输茶、糖、丝绸前往消费地区，俟行销完了再行结账的情形，不过一般市井小民向邻近铺户购买民生必需品时，赊欠也是很平常的行为。这有时是因为消费者一时手头不方便，有时则是交易的数目不大，零星的收取现金反而不方便，故而暂不付现。

"赊"因此是一种"透支"行为，必须定期清算。一般而言，端午、中秋和除夕是一年中三次清账的日子，但是因地方习俗的不同或另有约定，也还有其他的情况。"赊"往往也采取立折取货的方式，这种做法就颇有现代信用卡的味道了。

图片授权

全景网

壹图网

中华图片库

林静文化摄影部

敬　启

本书图片的编选，参阅了一些网站和公共图库。由于联系上的困难，我们与部分入选图片的作者未能取得联系，谨致深深的歉意。敬请图片原作者见到本书后，及时与我们联系，以便我们按国家有关规定支付稿酬并赠送样书。

联系邮箱：932389463@qq.com

参考书目

1. 齐涛．中国古代经济史．济南：山东大学出版社，2011．
2. 李剑农．中国古代经济史稿．武汉：武汉大学出版社，2011．
3. 吴顺发．中国古代消费市场与贸易史．武汉：武汉出版社，2011．
4. 高树林．古代社会经济史探．石家庄：河北大学出版社，2011．
5. 尚琤．中国古代流通经济法制史论．北京：知识产权出版社，2011．
6. 黄纯艳．中国古代社会经济史十八讲．兰州：甘肃人民出版社，2010．
7. 吴慧．中国古代商业．北京：中国国际广播出版社，2010．
8. 余鑫炎．简明中国商业史．北京：中国人民大学出版社，2009．
9. 王孝通．中国商业史．北京：团结出版社，2007．
10. 吴慧．中国古代商业．北京：商务印书馆，1998．
11. 王作之．新疆古代畜牧业经济史略．乌鲁木齐：新疆人民出版社，1998．
12. 金开诚．古代商人与商业．长春：吉林出版集团有限责任公司，1970．
13. 沈光耀．中国古代对外贸易史．广州：广东人民出版社，1985．
14. 金开诚．古代手工业．长春：吉林出版集团有限责任公司，1970．

中国传统民俗文化丛书

一、古代人物系列（9本）
1. 中国古代乞丐
2. 中国古代道士
3. 中国古代名帝
4. 中国古代名将
5. 中国古代名相
6. 中国古代文人
7. 中国古代高僧
8. 中国古代太监
9. 中国古代侠士

二、古代民俗系列（8本）
1. 中国古代民俗
2. 中国古代玩具
3. 中国古代服饰
4. 中国古代丧葬
5. 中国古代节日
6. 中国古代面具
7. 中国古代祭祀
8. 中国古代剪纸

三、古代收藏系列（16本）
1. 中国古代金银器
2. 中国古代漆器
3. 中国古代藏书
4. 中国古代石雕
5. 中国古代雕刻
6. 中国古代书法
7. 中国古代木雕
8. 中国古代玉器
9. 中国古代青铜器
10. 中国古代瓷器
11. 中国古代钱币
12. 中国古代酒具
13. 中国古代家具
14. 中国古代陶器
15. 中国古代年画
16. 中国古代砖雕

四、古代建筑系列（12本）
1. 中国古代建筑
2. 中国古代城墙
3. 中国古代陵墓
4. 中国古代砖瓦
5. 中国古代桥梁
6. 中国古塔
7. 中国古镇
8. 中国古代楼阁
9. 中国古都
10. 中国古代长城
11. 中国古代宫殿
12. 中国古代寺庙

五、古代科学技术系列（14本）

1. 中国古代科技
2. 中国古代农业
3. 中国古代水利
4. 中国古代医学
5. 中国古代版画
6. 中国古代养殖
7. 中国古代船舶
8. 中国古代兵器
9. 中国古代纺织与印染
10. 中国古代农具
11. 中国古代园艺
12. 中国古代天文历法
13. 中国古代印刷
14. 中国古代地理

六、古代政治经济制度系列（13本）

1. 中国古代经济
2. 中国古代科举
3. 中国古代邮驿
4. 中国古代赋税
5. 中国古代关隘
6. 中国古代交通
7. 中国古代商号
8. 中国古代官制
9. 中国古代航海
10. 中国古代贸易
11. 中国古代军队
12. 中国古代法律
13. 中国古代战争

七、古代文化系列（17本）

1. 中国古代婚姻
2. 中国古代武术
3. 中国古代城市
4. 中国古代教育
5. 中国古代家训
6. 中国古代书院
7. 中国古代典籍
8. 中国古代石窟
9. 中国古代战场
10. 中国古代礼仪
11. 中国古村落
12. 中国古代体育
13. 中国古代姓氏
14. 中国古代文房四宝
15. 中国古代饮食
16. 中国古代娱乐
17. 中国古代兵书

八、古代艺术系列（11本）

1. 中国古代艺术
2. 中国古代戏曲
3. 中国古代绘画
4. 中国古代音乐
5. 中国古代文学
6. 中国古代乐器
7. 中国古代刺绣
8. 中国古代碑刻
9. 中国古代舞蹈
10. 中国古代篆刻
11. 中国古代杂技